빌어먹을..

빌어먹을··

초판 1쇄 인쇄 _ 2026년 2월 10일
초판 1쇄 발행 _ 2026년 2월 15일

지은이 _ 김요한

펴낸곳 _ 바이북스
펴낸이 _ 윤옥초
책임 편집 _ 김태윤
책임 디자인 _ 이민영
책임 영상 _ 유명주

ISBN _ 979-11-5877-404-2 03810
등록 _ 2005. 7. 12 | 제 313-2005-000148호

서울시 영등포구 선유로49길 23 아이에스비즈타워2차 1005호
편집 02)333-0812 | 마케팅 02)333-9918 | 팩스 02)333-9960
이메일 bybooks85@gmail.com
블로그 https://blog.naver.com/bybooks85

책값은 뒤표지에 있습니다.

책으로 아름다운 세상을 만듭니다. — 바이북스

미래를 함께 꿈꿀 작가님의 참신한 아이디어나 원고를 기다립니다.
이메일로 접수한 원고는 검토 후 연락드리겠습니다.

빌어먹을 · ·

김요한

바이북스
ByBooks

헌사

많은 분들은 제가 처음 개척한 교회가 '함께하는교회'라고 생각하지만 그건 맞기도 하고 틀리기도 합니다. 왜냐하면 한국에 나오기 전 제 나이 25살인가 26살에 시카고 대학에서 로버트 게티(Robert Goette) 목사님과 UCC(University Community Church)라는 캠퍼스 교회를 개척하게 됩니다.

문제는 25살 청년이 알면 얼마나 알았겠어요? 저에겐 모든 것이 새롭기만 했습니다. 하지만 약 2년 동안의 훈련과 경험은 훗날 우리 교회를 시작하게 되는 밑거름이 된 것 같습니다. 로버트 게티 목사님은 저에게 행정, 설교, 기획, 심방, 등 많은 것을 경험할 수 있는 기회를 제공해 주셨고 매주 미팅을 가졌습니다. 말이 미팅이지, 제가 보기에 그 모든 시간은 저를 코칭해 주는 시간이었습니다.

로버트 게티 목사님은 같은 시카고 지역에서 그레이스(Grace) 교회를 먼저 개척하셨습니다. 가끔은 한국인 교회에 초대되면 서툴긴 해도 한국어로 설교하시는 기억도 인상적이었지만 그것보다 목사님은 그 지역은 물론 다른 지역의 수많은 목회자들에게 훌륭한 스승이 되어주셨습니다. 그 당시에 게티 목사님을 모르는 교민은 그 지역에 많지 않았습니다.

하지만 목사님은 제가 한국으로 돌아온 지 얼마 지나지 않아 젊은 나이에 암 투병을 하시다가 하나님 품으로 먼저 가시게 됩니다. 목사님께 감사하다는 표현도 잘 못했던 못난 제자입니다. 저의 목회 인생에 큰 도전이 되고 멘토가 되어 주셨음을 잊을 수 없고 어린 나이에도 불구하고 제가 개척을 할 수 있는 용기를 주신 분이라고 할 수 있겠습니다.

그래서 저는 부족한 글이지만 이 책을 로버트 게티 목사님께 바치고 싶습니다. 고맙고 감사합니다, 목사님.

들어가는 글

빌어먹을 목사?
빌어먹을 목사!

'빌어먹을 목사'

아니, '빌어먹다'라니 표현이 좀 거북스럽죠? 쌍스럽다고 할까요? 하긴 욕으로 간주되는 경우가 많은 표현이기는 합니다. 특히나 책 제목으로 어울리는 단어의 조합은 물론 아닙니다. 다만 이 표현은 저 자신에게 쓰는 표현일 따름입니다.

빌어먹는다는 말에 부정적 측면이 다소 있지만 단지 부정적인 측면만 있지는 않은 것 같습니다. '빌어먹는다'는 '빌다', 즉 '구걸하다, 애원하다'와 '먹다'가 결합한 말로 남에게 구걸해서 거저먹게 되었다는 의미에서 파생되었다고 합니다. 게다가 빌다는 의미도 있지만 '빌리다'는 의미도 내포되어 있지요. 물론 자신의 노력 없이 남에게 의존해 사는 거지 같은 행위를 비하해서 욕처럼 사용될 때가 많습니다.

우리 삶은 모두
빌린 셈이다

그런데 비속어인 이 말은 반드시 부정적 의미만 있지는 않아 보입니다. 우리네 삶을 되돌아보면 모든 게 '빌린 셈' 아니던가요? 부모님께서(혹은 하늘이) 우리에게 생명을 준 것은 어떻게 된 일입니까? 내가 노력해서 세상에 태어났던가요? 그럼 성장과정은 또 어떻습니까? 내가 알아서 자랐습니까, 아니면 누군가의 절대적 도움이 있었습니까? 내가 태어난 나라는 과연 내가 선택했던가요?

굳이 더 묻자면 하나님의 은혜의 영역은 어떻게 설명합니까? 내가 대단한 존재라서 선택을 받았던가요? 아니면 전적으로 하나님 은혜인가요? 내가 자격이 있어서 하나님의 사랑을 받게 되었나요, 아니면 하나님이 주신(하나님께 빌어온) 사랑을 거저 누리고 있는 것인가요? 어찌 보면 일종의 말장난처럼 보일 수 있겠습니다만 저는 빌어먹다의 표현 속에 신성함과 인간다운 면이 동시에 있어 보입니다.

좋은 의미로는 '부탁하여 얻는다' 혹은 '겸손하게 얻는다'는 뜻도 담겨 있는 것 아닌가요? 우리가 쓰는 많은 말들이 상대를 비하하거나 무시하면서 자신을 과시할 때 사용된다면 '빌어먹는다'는 인간의 삶에 있어 자기 주제를 파악하게 만들려고 사용된 말이라고 생각합니다.

그러고 보면 인간은 자연의 많은 부분을 발견하여 개발한 덕으로 살아왔고, 관계 속에서 서로 돕고 도움을 받으면서 살아왔습니다. 스스로 발버둥 쳐서 얻어진 것은 그리 많지 않으니까요. 우리가 누리는 모든 것은 자연에게서 빌려 왔고 서로 빌려주고 빌려가며 사는 것이 우리 인생 같기도 합니다.

교회만을 위한 교회는 교회가 아니다

인간이 스스로의 힘으로 할 수 있는 것이 많으면 얼마나 많던가요? 내가 내 힘으로 통제할 수 있는 것이 과연 얼마나 될까요? 저는 그동안의 제 삶도 모두 '빌어온' 것이라고 느껴집니다. 부모님께로부터 받은 사랑이 그렇고, 교회 가족들에게 받은 사랑이 그렇고, 하나님께 받고 있는 사랑도 가슴 저리도록 놀랍고 감사할 따름입니다. 이것을 더 정확하게 표현할 방법이 없습니다. 제가 노력해서 얻은 것이 한 가지도 없었기 때문입니다. 하나님이 계시기에 제가 있고, 교회 가족이 존재하기에 저라는 사람이 존재할 수 있었습니다.

그리고 그 마음이 우리로 하여금 교회 밖을 향하게 하는 힘이 있지 않을까 싶습니다. "교회만을 위한 교회는 교회가 아니다"라고 외쳤던 순교자 본회퍼는 그 가치를 붙잡고 죽었습니다. 우리 교회의 지난 시간들은 모두 하나님께로 빌어온 은혜였습니다. 미래는 어떨까요? 아마 어김없이 하나님의 은혜를 빌어먹을 확률이 높지 않을까 싶습니다.

차례

1부 함께 만들어가는 공동체
교회 개척 이야기

3부 즐거운 나의 집 우리 가족 이야기

4부 교회로의 초대 — 신앙 이야기

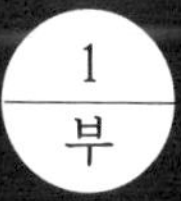

함께 만들어가는 공동체

교회 개척 이야기

한국으로 이끈
아버지의 편지

아버지도, 형도, 한국에서 목회를 하고 있었기에 저는 신학교를 졸업한 시카고 지역에서 교회 개척을 생각했습니다. 저까지 한국에서 교회를 개척할 필요는 없어 보였기 때문입니다. 아내도 시카고에서 만났고, 개인적으로 다민족 교회에 대한 꿈도 있었습니다. 게다가 신학교 동기들 중 메골라조 하라루(Megolazo Haralu), 브라이언 휴먼(Brian Human) 등과 같이 개척을 위한 준비 모임도 여러 차례 가졌던 차였기에 공간만 정하지 못했을 뿐 마음의 준비가 되어 있었습니다.

이러한 저의 계획을 알게 된 아버지는 바로 편지를 보내 주셨습니다. 아버지로부터 유학 시절에 여러 번 편지를 받아 보았지만 이렇게 길게 쓰신 내용은 사실상 처음이었습니다. 이 편지를 소개하는 이유는 이 편지가 제가 한국으로 돌아와 개척을 하는 데 있어 중요한 동기가 되었기 때문입니다.

그렇게 아버지 뜻대로 우리 내외는 미국에서의 개척을 뒤로 하고 짐을 꾸려 고향인 한국으로 돌아오게 됩니다. 그런 의미에서 보면 '함께하는교회'의 시작은 아버지의 영향도 결코 적지 않았습니다. 아니, 오히려 밑거름이 되었습니다.

요한에게

요한이의 편지와 결혼 상담 내용의 편지는 잘 받았다.
이제 네게 좋은 반려자를 찾아 교제하며 장래를 설계한다니 엄마도 나도 기쁘고 하나님께 감사를 드린다.
결혼이란 두 사람의 남남이 만나서 사랑으로 맺어져 두 사람이 연합하여 한 몸을 이루는 하나님의 섭리와 주님의 뜻이 깊이 담겨져 있는 신비의 창조이면서 새로운 한 가정이 태어나서 행복과 끊임없는 사랑을 추구하는 경사라고할 수 있다. 그런 까닭에 무엇보다 신중히 생각하고 기도해야 할 문제라고 생각한다.

너의 반려자는 잠시 만나보았지만 흠잡을 데가 없는 너에게 과분한 규수감이라고 생각이 들고 하나님께서 좋은 사람을 너에게 허락하심은 너를 위해 끊임없이 기도하는 많은 성도들의 기도 응답이라 생각한다.

다만 결혼하기까지에는 절차가 있는 법이니 그것을 너무 소홀히 해서는 안 되는 법이다. 너희들은 둘 다 미국의 교육과 사회의 영향을 받았으리라 믿지만 너희들의 부모님과 친척들은 한국 풍속과 전통을 깊이 생각하는 분들임을 명심해야 한다.

그 순서를 말하면 이제 우리가 속히 지연이의 부모님을 만나 뵙는 일이 있고, 지연이도 한국에 나와서 며칠간 머무르면서 김씨네 어른들을 뵙고 한국의 변화된 모습도 습득하고, 우리 가족을 알 수 있는 기회를 갖는 것이 너희들의 장래 삶에도 도움이 되는 것이다.

결혼이란 당사자들의 사랑과 마음 맞는 것도 중요하지만, 결혼이 성립되면 그 가족이 되는 것이다. 너는 지연이네 가족이 되고, 지연이는 우리 가족이 되는 법이다.

결혼식에 관하여는 너희들의 의견을 충분히 고려하겠다만은 지연이네 부모님의 이의가 없으시다면 보편적인 한국식으로 약혼식은 신부 측에서 주관을 하고, 결혼식은 신랑 측에서 주관하는 것이 상례로 되어 있다.

너희들과 같이 부모님들이 한국과 미국에 있을 경우에는 식을 두 번 하는 수도 있다. 한국의 한국 가족과 성도 중심으로 올리고, 미국에서도 가족, 친지 중심으로 올리는 수도 있을 것이다. 그러나 이것이 절대적인 것은 아니다. 다만 너희를 키워 주시고 지켜보아 주신 집안 어른들과 교회 성도님들을 섭섭하시지 않도록 하는 것도 우리들의 도의라고 생각한다.

예단 관계는 너의 형과 누나 때도 마찬가지로 지연이 부모님을 만나 뵈면 자세히 말씀을 드리겠지만 나의 목회관도그렇지만 우리는 예단을 주고받는 것을 안 했으면 한다.

네가 5월이나 9월에 결혼식을 이야기 했는데 아버지로서 궁금한 것은 적어도 가장이 되면 아내를 먹여 살려야 하는 책임이 있어야 한다. 물론 하나님께서 다 채워 주시리라 믿는다. 그러나 사람이 할 것은 마땅히 해야 되는 법이다.

너의 학위나 공부는 어찌 되며, 지연이의 학업은? 직장이나 사역은 어찌 생각하며, 장래 사역지는 어디다 택했는지? 나는 너를 이미 하나님께 바쳤으니 하나님께서 너를 미국이나 아프리카나 한국에 그 어디서나 하나님께서 부르시는 곳에서 사역을 해도 무방하다고 본다. 그러나 30여 년 세계를 다니며 사역을 보아도 지금은 한국의 사역에 절정기로 본다.

너희들이 가까이 있어 수시로 대화를 하면 이런 사소한 문제들이 다 해결을 볼 수 있겠지만 떨어져 있으니 좀 어려운 것이다. 다만 결혼 날짜만은 양가의 충분한 의논을 거쳐 정하는 것이 좋을 것이고, 주례도 너의 형 주례를 내가 했으니 너에게도 똑같이 해 주고 싶은 아버지의 심정이다.

너에게는 너를 가장 사랑하는 엄마, 형, 누나, 매형 그리고 큰아버님들, 고모, 사촌들이 많이 있다. 그분들이 너에게 거는 기대는 네가 모를 정도로 많다. 잘 명심해야 될 줄 믿는다.

너희 결혼과 지연이는 하나님의 크신 축복이 있을 것으로 믿는다.

지연이네를 자주 드나들면서 폐나 안 끼쳤는지 걱정이 된다.

벌써 네가 결혼을 놓고 의논한다는 것이 실감이 안 난다. 아직도 우리는 너를 어린아이로만 생각하고 있는 것이 잘못인 것 같구나. 금년 안에 식을 올리는 것도 양가에서 합의해서 좋은 시기를 택해 가장 성스럽고, 축복받는 결혼식이 되기를 바란다.

지연이 부모님께서 2월달 언제 오시는지 미리 알려주시면 우리가 시간을 내서 너희들의 장래일을 충분히 의논드리겠다고 네가 대신 문안드려 주었으면 좋겠다.

너를 아끼고 사랑하는 사람은 이 세상에서 엄마와 아버지가 제일일 것이다. 네가 하나님 앞에 바로 서고, 좋은 주의 종이 되기 위해 새벽마다 기도하는 부모가 있다. 마음 놓고 공부하고, 전도하고, 교회 일 보고, 자신 있게 지연이와 장래 꿈을 실현시키기를 부탁한다.

너희들에게 〈시편〉 121편을 격려 말씀으로 주고 싶다.

"내가 산을 향하여 눈을 들리라 나의 도움이 어디서 올꼬 나의 도움이 천지를 지으신 여호와에게서로다. 여호와께서 너로 실족지 않게 하시며 너를 지키시는 자가 졸지 아니하시리로다. 이스라엘을 지키시는 자는 졸지도 아니하고 주무시지도 아니하시리로다. 여호와는 너를 지키시는 자라 여호와께서 네 우편에서 네 그늘이 되시나니 낮의 해가 너를 상치 아니하며 밤의 달도 너를 해치 아니하리로다. 여호와께서 너를 지켜 모든 환난을 면케 하시며 또 네 영혼을 지키시리로다. 여호와께서 너의 출입을 지금부터 영원까지 지키시리로다."(시121:1-8)

너의 건투를 빈다. 식사 거르지 말고, 건강하고, 영적 삶을 게을리 하지 않기를 부탁한다.

승리를 빈다. 아버지가 아버지가.
1995. 1. 10.

P.S. 오늘이 할머니 추도예배 드리는 날이다.

두 할아버지의 모습에서 교회 이름을 짓다

교회를 개척하려면 무엇보다 공간도 필요하지만 이름도 필요합니다. 결국 공간은 우리가 사는 아파트에서 시작하기로 했습니다. 그 이후에는 한동안 이름을 고민하던 차에 필요한 서류를 위해 주민센터에 갔습니다.

추운 겨울 아침이었는데 주민센터에서 볼일을 보고 도로 건너편에 주차한 차에 올라 타 시동을 걸었습니다. 그때 주민센터 옆 노인정에서 할아버지 두 분이 나오시는 모습을 우연히 보게 됩니다. 두 분 다 긴 외투를 입고 계셨는데 걷는 모습을 보니 팔짱을 끼고 걷는 것 같았습니다.

좀 더 눈여겨보니 한 분은 시각 장애를 가지신 분 같았고 다른 분은 한쪽 다리가 불편하신 것 같았습니다. 몸이 불편한 두

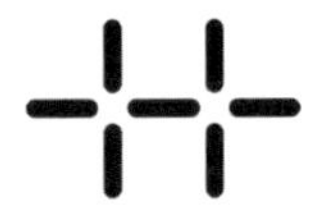

'함께하는교회' 로고

분의 할아버지가 서로를 의지하는 모습을 우두커니 지켜보았고 그 모습은 저에게 잔잔한 감동을 주었습니다.

결국엔 두 분의 모습이 제 머릿속에 각인되면서 교회 이름을 '함께하는교회'로 짓게 되었습니다. 완전하지 못한 두 사람이 서로 의지하고 돕는 모습이야말로 가장 인간적이자 교회 공동체다운 모습 같았기 때문일까요? 시간이 지나 교회 로고를 두 사람이 걷는 모습과 두 개의 십자가를 형상화해서 만들게 되었습니다.

이기농 <함께하는교회>

C G Am F G C
1. 때로는 힘이 들고 힘 들어도
C G Am F G C
우리가 함께 하니 두려워 마요

C G Am F G C
2. 기쁨과 슬픔을 함께 나누고
C G Am F G C
주님의 사랑을 함께 누려요

C G Am F G C
3. 고통과 슬픔을 함께 나누며
C G Am F G C
주님의 사랑을 만들어가요

C G F G C
후렴 ; 우리 함께 가요 그렇게 가요 서로 손잡고
C G
하나님이 우리와 함께 하죠
F G C
그렇게 가요

우리가 목숨을 걸어야 할 것은 사람!

그동안 만났던 목사님들 중에는 '설교에 목숨을 건다'느니 '예배에 목숨을 건다'는 식으로 말씀하시는 분들이 제법 있었습니다. 이해가 안되는 것은 아닌데 때때로 가정이 희생이 되는 경우도 보았습니다. 그래서 '목숨 건다'는 표현은 함부로 해서는 안 되는 것 같기도 합니다.

하지만 설교에 부담을 느끼지 않는 목사가 어디 있겠습니까? 매주 찾아오는 설교, 아니 한국 교회에서는 평균적으로 주 9회씩 설교를 한다고 하니 그 많은 설교를 어떻게 감당할 수 있겠습니까? 그래도 그게 전통인 만큼 한국 교회의 목사님들은 설교와 예배에 진심일 수밖에 없습니다.

그런데요, 제가 느낀 문제점 중에 하나는 사람을 만나는 일에 부담을 느끼게 되는 현실입니다. 설교 준비에 시간을 빼앗기게 된다는 생각이 들기 시작하면서부터 사람과 거리 두기를 할 때가 있습니다. 물론 시간 관리를 그 누구보다 잘해야 하지만, 사역은 곧 사람인데 그 사람을 의도적으로 멀리하기 시작한다면 한 번쯤 생각해볼 일 아니겠습니까?

우리가 목숨 걸어야 할 부분은 설교보다 사람이 아닌가 싶습니다. 한 사람이라도 좀 더 깊이 만나는 것, 그것이 곧 삶의 예배가 될 수도 있으니까요. 그래서 저 역시 그런 부담을 느끼기 시작했을 때 머리를 굴렸습니다. 그리고 생각했습니다. '내가 굳이 모든 설교를 다 해야 되나?'

그때 제가 도달한 결론은 설교를 혼자 하는 것에서 나누는 방법이었습니다. 새벽 기도는 큐티를 잘하는 집사님들께도 부탁을 드렸고 설교는 이웃 교회 목사님이나 신학교 교수님이나 교회 안에 있는 평신도 리더에게도 부탁을 드렸습니다. 나중에 우리 교회에 목사님이 한두 분씩 더 생겼을 때는 그분들과 같이 차례대로 설교를 했습니다.

이미 그 일을 시작한 지 20년도 훌쩍 넘어버렸습니다. 가장 좋은 점은 사람들을 훨씬 더 편하고 인간답게 만날 수 있다는 점입니다. 게다가 설교의 부담이 줄어드니 얼마나 좋은지 모릅니다. 그런데 이 원리를 제 주변에 계신 목사님들께 아무리 설명을 해도 제대로 알아듣는 분이 많지 않아 안타까울 따름입니다.

제발 우리 목사님
설교 좀 더 잘하게 도와주세요

저에게 처음 설교의 기회를 주신 분은 미국 교회의 목사님이셨습니다. 사실 그때 신학교를 나온 것도 아니었고 나이도 어린 저에게 왜 그런 기회를 주셨는지 모르겠습니다. 제 나이가 아마 스물둘 정도 된 것 같습니다.

그런데 도대체 무슨 말을 했는지 하나도 기억이 나질 않습니다. 기억에 남는 것이 있다면 제가 태어난 이후 가장 긴장한 순간이었다는 것과 그분의 존함이 짐 우드(Jim Wood)이었다는 것입니다. 어쩌면 그분이 어린 저에게 설교할 수 있는 기회를 주셨기에 훗날 제가 목사가 되는 꿈을 품게 되었는지도 모르겠습니다.

그러고 보면 우리 교회도 마찬가지입니다. 서른이 되어 개척을 한 제가 성경을 알면 얼마나 알고 설교를 하면 얼마나 잘했겠습니까? 그런 저의 설교를 수년간 인내해준 교회 가족들을 생각하면 눈물겹도록 죄송하고 또 감사할 따름입니다. 어눌한 저의 설교를 들어주고 그것도 모자라 격려해주신 분들이 너무나도 많았습니다.

이제 와서 생각해보니 그분들이 저를 위한 기도를 온 맘 다해 해주었던 것 같습니다. 그리고 아마 그 기도 가운데에는 "제발 우리 목사님 설교 좀 더 잘하게 도와주세요"라는 내용도 충분히 있었을 법 합니다. 바로 그 믿음의 기도가 저를 여기까지 올 수 있도록 해주었다고 생각합니다.

아쉬운 소리를 했지만...

우리 교회가 YMCA 4층을 빌려서 지낼 때가 있었습니다. 아마 그 공간에서 5년은 족히 넘게 지낸 것 같습니다. 첫째 아이가 세 살 때부터 습관처럼 한 말이 있습니다. 교회를 지나갈 때 높게 신축하는 건물이 하나 있었는데 어찌 어린 나이에도 그런 생각을 할 수 있었나 모릅니다. 아빠가 아쉬운 소리를 몇 차례 말하는 걸 나도 모르게 아이는 다 듣고 있었나 봅니다.

"아빠, 이다음에 내가 저 건물 사줄 게. 교회 건물로 쓰자, 알았지?"

기특하기 짝이 없었습니다. 제가 보기에 그 건물은 그림의 떡이었지만 딸아이의 마음은 고맙기 그지없었죠. 그때 제 일기장에 짧은 글을 적었습니다.

"우리 교회의 살림에만 관심 갖기보다는 이웃과 함께하는 교회가 되길. 믿는 이들의 잔치로 끝나지 않는 교회가 되길. 하나님 나라와 의를 위해 기꺼이 땀 흘리며 애쓰는 교회가 되길. 모두 한가지씩은 내가 할 일을 찾아서 움직이는 교회가 되길. 우리 안에 있는 헛된 욕망이나(건물 포함) 환상들은 벗어 던지고 진정한 '함께함'이 무엇인지 고민하며 기도하는 교회가 되길."

YMCA 시절 어느 남자 집사님의 말 한마디가 너무나 귀하고 아름답게 다가왔던 적이 있습니다.

"목사님, 화장실 청소는 제가 책임지고 하겠습니다. 걱정하지 마세요."

다른 집사님은 또 말씀해 주셨습니다.

"목사님, 저는 몸으로 때우는 일밖에 못해요. 무슨 일이든 시켜주세요."

감사하게도 이렇게 제 글에 응답을 받았습니다.

감사 또 감사한 일

우리 교회의 시작은 사랑의 빚으로 시작되었습니다. 지금의 화려함은 상상할 수도 없는 시절이었습니다. 극동방송 지하 2층 공개홀을 빌려서 시작할 수 있었고, 그로부터 약 1년 뒤에는 안기호 YMCA 지역 이사장님께서 기회를 주셔서 1억의 보증금으로 YMCA를 사용했습니다.

'가까운교회' 역시 음악학원에서 출발해서 '좋은 생각 사람들'의 출판사 지하 공간, 그리고 홍대 지역의 카페 등을 수없이 옮겨 다니다 결국 극동 방송의 도움으로 홍대 지역에 정착하게 되었습니다. '보리떡교회'나 'CIC' 역시 우리의 재력이나 능력이 아니라 주변의 도움으로 시작이 되었습니다. 토머스 펜랜드(Thomas Penland)라는 총감님이 '보리떡교회'가 모일 수 있는 공간을 학교 안에 마련해주셨고, 영어권 교회 역시 톰 노튼(Tom

Norton) 목사님께서 저에게 부탁하셔서 교회를 이어갈 수 있는 기회가 주어진 상황이었습니다.

그 이후 '하나둘교회'는 압구정동의 '아이러브아트홀'과 역삼동 '하나둘카페'에서 예배를 이어갈 수 있었고 현재는 '가까운교회'와 '하나둘교회'의 연합해서 모이고 있습니다.

현재의 '덕명동 함께하는교회' 역시 본래 건축할 돈이나 계획은 없었지만 2천 평 가까이 되는 부지를 기부받게 되면서 거기에 도전받은 교회 구성원들이 '3프로'라는 캠페인을 시작으로(수입의 3프로를 헌금하는) 건축을 시작하게 되었고 지금은 빚이 없는 교회가 되었습니다.

도움을 준 것은 빨리 잊되 받은 것은 잊어버리지 말라

아버님께서 저희에게 늘 강조하신 말씀이 있습니다. 도움을 준 것은 빨리 잊어버리되, 내가 받은 사랑과 은혜는 잊어버리지 말라고 말입니다. 우리 교회는 적지 않은 사랑의 빚을 받은 교회입니다. 단순히 물질적인 도움만이 아니라 교회에서 자신의 시간과 재능을 헌신해주신 분들의 사랑으로 여기까지 오게 되었음을 이 지면을 통해 꼭 말씀드리고 싶습니다.

기도로 도우신 수많은 분들, 헌금으로 헌신해주신 분들, 봉사의 자리를 지켜주신 분들, 말씀으로 섬겨주신 협동 목사님들, 예배의 자리를 지켜주신 한 분 한 분께 빚진 마음뿐입니다. 그 사랑으로 인해 우리 교회에서 파생된 교회들이 하나둘씩 늘고 있습니다. '코너스교회'가 그중 하나이며 대학로에서 월요일마다 모이고 있는 '원데이교회'도 있습니다. 바라기는 우리의 선한 영향이 더 많은 개척을 낳기를 기도합니다.

매력 포인트 꽤 많은 교회

우리 교회는 제가 보기에 매력 포인트가 꽤 많은 교회입니다. 사람에게도 매력이 있듯이 교회에도 매력이 있는 법이죠. 매력은 다시 말하면 '끌림'이니까요. 교회에는 끌림이 어느 정도 있어야 합니다. 특히나 교회 밖에 있는 사람들에게도 끌림이 있는 교회일수록 건강한 교회입니다.

이스라엘 백성이 왜 혼났습니까? 자기들밖에 몰랐거든요. 다른 사람들에게 복이 되라고 했는데 자기들의 성전에서 자기들만의 언어로 자기들 만족만 생각했습니다.

우리 각자가 생각하는 교회의 '매력 포인트'는 조금씩 다를 수 있습니다. 가능하다면 내가 교회의 매력 포인트에 하나씩 추가할 수 있다면 좋겠죠. 아니, 내가 그 매력 포인트가 된다면 더

할 나위 없이 좋겠습니다. 혹은 내가 속해 있는 소그룹이, 내가 하는 봉사가 말입니다.

제가 생각하는 우리 교회의 매력 포인트 중 하나는 순회식 설교입니다. 한 사람이 하는 설교에도 물론 장점이 있습니다. 순회식 설교라고 완전한 방식은 아니겠습니다. 하지만 하나님의 말씀이 여러 설교자의 경험과 시각을 통해 전달되어지는 것은 바람직한 방법 같습니다. 편식을 방지해 주는 효과도 있는가 하면 성경적 세계관을 더 넓혀 주는 장점이 있습니다.

또 다른 매력 포인트는 수평적 리더십입니다. 이것은 다른 것이 아니라, 가급적 다양한 사람들의 의견이 수렴되는 과정이 있다는 뜻입니다. 내 의견이나 목소리만 중요한 것이 아니라 다른 사람의 의견도 존중되어져야 한다는 뜻입니다. 그렇게 하려면 노력해야만 가능합니다. 담임 목사부터 실천해야 하고요, 소그룹 리더를 포함한 모든 리더들이 솔선수범해야만 합니다.

우리 교회의 마지막 매력 포인트는 자연 친화적인 환경 속에 위치하고 있다는 사실입니다. 배경이 산입니다. 경치가 환상적입니다. 가까이에 수통골이 있고 국립 현충원도 있습니다. 내가 사는 위치에 따라 접근성이 떨어진다고 볼 수도 있지만 우리 교회는 하나님이 주신 선물입니다.

그래서 누구를 교회로 초대한다면, 교회로만 초대하지 마시길 바랍니다. 수통골에도 가십시오. 수통골에 가서 맛있는 밥도 사 주십시오. 교회가 식당을 운영하지 않는 이유 중에 하나이기도 합니다. 이웃도 생각해야 되니까요. 그래야 비로소 함께하는 교회죠. 사실, 제가 교회 자랑질하기 시작하면 한도 끝도 없습니다.

마음에 드는 땅을 고르라

살다 보면 상상을 초월하는 일이 벌어질 때도 있습니다. 말하자면 로또 당첨이 그런 것 아닐까요? 저도 날이면 날마다 있는 일이 아닌 일이 벌어진 기억이 있습니다.

교회 성도의 연락을 받았습니다. 저를 데리고 산 중턱까지 안내해 줬습니다. 그러면서 산 중턱에 있는 오래된 나무 두 그루를 보여주었습니다. 약 500년 된 나무 두 그루를 보여주시면서 그곳에 일부러 와서 굿하는 무당들이 있다는 겁니다. 그러면서 그 지역에 교회가 거의 없으니 언젠가는 교회가 하나 들어서면 좋겠다는 말을 하셨습니다.

그러고는 다른 말씀은 없었는데 그 뒤로 10여 년이 지나서야 그분이 다시 연락을 주셨습니다. 그리고 이번에는 뜬금없이 땅 두 곳을 보여주었습니다. 십수 년 전에 저를 데리고 갔던 산 중턱에서 멀지 않은 곳이었습니다. 그렇게 땅 두 곳을 보여준 끝에 마음에 드는 땅 하나를 고르라는 것이었습니다. "네?" 했더니, 고르는 땅을 주겠다는 겁니다. 물론 저에게 개인적으로 주신다는 뜻이 아니라 교회가 형편이 되면 그곳에 건축해도 좋다는 취지였습니다.

얼마 뒤 교회는 결국 건축이 되었고 아름다운 산맥이 배경으로 있는 멋진 교회가 탄생되었습니다. 15년전쯤 땅의 가치가 약 50억이었으니 지금은 백억도 족히 넘을 것 같습니다. 요즘 2천 평 가까이 되는 땅을 기부하는 사람이 있는 것은 기적 그 자체입니다. 더 놀라운 일은 기부에 대한 부분을 가급적이면 알리지 않았으면 좋겠다고 하셨습니다.

이 공사 못할 것 같아요

땅이 꽁꽁 얼어붙은 1월에 땅을 파는 '기공식'을 아침 10시에 진행했습니다. 교회 가족 몇 가정, 그리고 손님들이 와서 행사에 참여해주었고 기도해주었습니다. 멀리서 오신 손님들도 계신 까닭에 김치찌개를 드신다고 어른들 몇 분이 교회 부지에서 가까이에 위치한 유성 컨트리 클럽에 가기로 했습니다.

서노 느지막하게 뒤따라가서 인사를 드리려고 했는데, 도착해보니 분위기가 싸~ 했습니다. 속으로 "뭐지?" 했지만, 얼마 지나지 않아 전화 한 통을 받았습니다. 전화를 주신 분은 교회 건축을 맡기로 한 시공사의 대표님이었습니다. 점심식사를 하기 전에 화장실에서 손을 씻는 동안 어른들 사이에 대화가 오고 갔나 봅니다.

어느 대표님 왈 "그만한 땅이면 나 같으면 그냥 공짜로 지어 주겠다!"라고 한마디 날린 것 같습니다. 물론 진심은 아니었겠죠. 무슨 시공사가 공짜로 건물을 지어준단 말입니까? 아무튼 그 말을 들은 시공사 대표님은 화가 나기 시작했습니다.

"그럼, 우리 회사를 당신한테 넘겨줄 테니까 당신이 공짜로 지어주시오!"

이렇게 어른들의 대화(?)가 오고 갔던 모양인가 봅니다. 얼마나 어이없는 일입니까? 그랬더니 또, 대화를 시작한 분이 말했더랍니다.

"그런 쥐꼬리만 한 회사는 줘도 안 가져간다."

이게 어른이 어른에게 해서 될 말입니까? 시공사 대표님은 화가 단단히 났습니다. 그러고 곧바로 저에게 전화를 주신 겁니다.

"미안한데 이 공사 못할 거 같아요."

아니, 기공식을 마친 지 2시간 채 안 되는데 이건 또 뭔 김밥 옆구리 터지는 일입니까? 저도 너무나 당황스럽고 난처했습니다. 속으로 '하나님은 도대체 지금 어디에 계시나요?'라는 분노 섞인 절규를 주체할 길이 없었습니다.

며칠 지난 다음에 시공사 대표님의 전화를 다시 받았습니다.

그분도 이제 화가 좀 누그러들은 것 같았습니다. 역시나, "그냥 하겠다"는 말씀이셨습니다. 저도 너무나 죄송한 마음이었지만, 동시에 감사한 마음이 컸습니다. 그러고는 인생의 값진 교훈 하나 얻은 것 같았습니다. 땅을 파고 삽질을 한다고 해서 일이 진행되는 게 아니구나'라고 말입니다.

교회를 세우는 건 오로지 하나님이 하시는 일

사실 이 글은 많이 망설여졌습니다. 쓸까 말까, 말입니다. 하지만 이제 지나간 일이니 이렇게 기록에 남길 수 있을 것 같습니다. 우리의 무책임한 말은 마음을 참 아프게 하고 힘들게 할 때가 있습니다. 그래서 성경의 〈잠언〉에도 '말'에 대한 내용이 그렇게 많은가 봅니다. 상처 주는 말 대신 고운말, 바른말, 사람을 세워주는 말만 골라서 해야 될 것 같습니다.

그리고 이 글을 쓰기로 작정한 또 다른 이유는 말도 말이지만, 우리 교회 가족들이 알았으면 하는 바가 있기 때문입니다.

교회는 저절로 세워지는 것이 아니라는 것. 온전히 하나님이 하시는 일이라는 것. 우리는 그 사실을 잊지 않았으면 좋겠습니다. 그래서 교회는 내 교회도 아니고 우리 교회도 아닙니다. 오로지 하나님의 소유입니다.

예상을 뛰어넘는 메시지

설교 제목, 설교 방식, 순회 설교, 무대 장식, 주보 내용, 등을 포함해 낯익은 형태보다는 의도적으로 낯설게 하고자 하는 철학이 있었습니다. 물론 그 낯설게 함은 교회 전통이 익숙한 이들에게는 불편함으로 비추어질 수 있지만 그 정도는 교회 문화에 익숙하지 않은 이들을 위해 양보가 가능하다고 생각했습니다.

다행히 우리 교회 구성원들의 대부분은 이러한 교회의 철학에 수용적이었습니다. 그렇기 때문에 설교도 전통적인 양식에서 벗어나 영화로 하는 설교, 소설로 하는 설교, 노래로 하는 설교, 침묵으로 하는 설교, 등 여러 가지 형태를 취하게 되었습니다.

하지만 낯설게 하기는 설교에만 적용할 일이 아니라 교회 전체의 방향성으로 확립할 때 비로소 그 효과가 극대화될 수 있는 것 같습니다. 다시 말해 어린이 사역부터 장년 사역, 교육 사역부터 사회 사업에 이르기까지 교회의 철학을 관통하는 하나의 방향성이어야 되며, 그 가치관을 성공적으로 이어가고자 한다면 결국 담임 목회자를 포함한 교회 리더십의 전적인 동의가 있어야만 지속적인 사역이 가능할 수밖에 없습니다.

낯설게 하기는 문학 이론 중에 하나이기도 합니다. 그중에서도 낯설게 하기는 러시아의 형식주의(Russian Formalism)에 등장하면서 일상적 언어와 문학적 언어를 구분하기 시작했습니다. 문학적 언어는 실용적 언어를 변형하고 왜곡하는 차별성이 있다는 개념으로 빅토르 쉬클로포스키(Victor Shklovsky, 1893~1984)에 의해서 제안되었지만, 이 개념은 인문학을 넘어 설교를 포함한 다른 영역에서도 반영이 가능한 원리라고 봅니다. 설교의 경우에서도 같은 설교자, 같은 청중, 그리고 같은 성경이 반복되는 것을 다르게 접근할 수 있다면 그 흐름을 깨는 행위가 바로 '낯설게 하기'가 될 수 있기 때문입니다.

특히나 교회가 교회 밖에 있는 사람들에게 관심을 갖으려면 이러한 낯설게 하기 철학은 반드시 필요해 보입니다. 낯설게 하기는 의외성과도 같습니다. 댄 히스와 칩 히스는 《스틱》이라는 책에서 사람들의 관심을 끌고 관심을 유지하려면 예상을 깨는 메시지를 던져야 된다고 합니다. 예상과 예측을 뛰어넘을 때 머릿속에 각인이 되고 감동을 줄 수 있기 때문입니다.

예수님이 인간의 모습으로 이 세상에 오신 것과 부활하신 것이야말로 최고의 낯설게 하기 아닐까요? 예수님은 도적같이 오실 것도 말씀하셨는데 다가올 재림은 또 어떻습니까?

십자가 없는 교회

건물 외관에 십자가가 없는 교회는 이단으로 오해받기 쉽습니다. 교회의 전통 중에 하나이니까요. 또한 십자가는 때때로 교회를 홍보하는 도구로 쓰이기도 합니다. 더 크게, 더 높이 말이죠. 그래야만 "우리 교회 여기에 있습니다"라는 것을 밤낮으로 알릴 수 있기 때문입니다.

우리나라처럼 십자가나 교회 이름 네온사인 사업이 잘되는 나라도 없을 것 같습니다. 다른 나라는 교회 건물 외관에 밤새도록 빛을 비추는 네온 십자가는 찾아보기 어렵습니다. 오히려 있는 듯 없는 듯, 아니 오히려 교회가 존재하는 것을 알리는 방식은 교인들이 사랑하는 모습, 혹은 봉사하는 모습을 통해서만이 유일하니까요. 우리 나라는 그에 비하면 요란하기 짝이 없습니다. 교회는 그렇게 많은데 왜 그렇게 욕은 많이 먹는지요.

최근에 어느 분이 책을 집필했는데, 그 책의 제목은 《5무 교회》입니다. 요즘은 우리 나라 교회에 다섯 가지가 조금씩 사라지고 있는데 그중에 하나가 건물 외관의 십자가라고 합니다. 저는 건물 위에 우뚝 솟은 십자가를 선전하고 싶지는 않았습니다. 다른 교회보다 더 화려하거나 높은 십자가를 자랑하고 싶지도 않았습니다. 오히려 자랑하고 싶은 것이 있었다면 교회 가족들이 화목한 모습을 보여주고 이웃 사랑을 실천하는 것으로 족했습니다.

때로는 교회의 십자탑은 비바람이나 폭풍에 쓰러져 이웃에 피해를 입히는 경우도 종종 있습니다. 나에게는 필수적인 어떤 것이 누군가에게는 피해를 주는 경우도 있다는 것을 기억하면 좋겠습니다. 물론 교회 건물에 십자가나 십자탑을 없애자는 주장은 아닙니다. 그런데 한 번쯤 생각은 했으면 좋겠습니다.

양팔을 벌리면
내가 십자가

상가 건물의 교회들은 대부분 십자가가 없습니다. 교회를 홍보하고 싶지 않기 때문이 아니라 비용이 많이 들거나 상가 건물주가 허락하지 않기 때문인 경우도 많습니다. 대부분의 교인도 잘 모르는 바이지만 십자가나 십자탑을 세우는 비용이 몇천만 원씩이나 들기도 하고 그 이상이 들기도 합니다. 그런가 하면 눈부시도록 환한 십자가는 공해라고 지적하는 사람들도 제법 있습니다.

저희의 경우 자체 건물이 있기 전에는 건물주가 십자가는 물론 간판조차 허락치 않았습니다. 저는 그와 같은 개척 교회는 물론 몰래 숨죽여서 예배드리고 기도하는 북한의 지하 교회 성도들과 어깨를 나란히 하고 싶은 마음이 컸습니다. 지하 교회에 무슨 십자가가 있겠습니까? 수십년 전에 이스라엘을 방문했을 때도 마찬가지입니다. 그런 나라들은 여전히 기독교를 향한 박해가 있기 때문에 교회에 십자가를 번듯하게 세울 수 없다는 설명을 현지인 교회에서 들은 바가 있습니다. 중요한 것은 십자가 정신과 십자가 사랑을 살아 내는 것이 더 중요하겠다 싶었습니다. 실은, 내가 있는 자리에서 일어나 양팔을 벌리면 내가 바로 십자가입니다.

한번은 저희 부친께서 교회를 처음 방문하신 뒤에 말씀하셨습니다.

"야, 니네 교회에 십사가 올리지 않으면 난 너네 교회 다시 안 온다."

그때는 저의 마음을 몰라주는 것 같아 착잡했습니다. 하지만 아버지의 마음을 헤아리지 못하는 것도 물론 아니었습니다. 왜냐하면 교회의 전통 중에 하나라는 것을 저도 충분히 알고 있었으니까요. 하지만 마음 한쪽에 저의 고집스러운 철학을 지키고 싶었던 것 같습니다.

그래서 일종의 타협점을 찾았다고 할까요? 이동식 나무 십자가를 만들어서 교회 내부에서는 그 십자가를 설치하는 경우가 많이 있습니다. 하지만 여전히 건물 외관에는 번듯한 십자가 하나 없는 것이 우리 교회의 모습입니다. 아버지는 다시는 교회에 안 오시겠다고 협박하시긴 했지만 아들을 사랑하는 마음 때문인지 그 뒤로 교회를 몇 차례 오시긴 했습니다. 못난 아들을 이해해주시려고 여전히 애쓰시는 것 같아 마음이 짠할 때가 많습니다. 아버지, 감사합니다.

다소 삐딱한 교회

우리 교회는 어쩌면 남들의 눈에는 다소 삐딱한 교회로 비춰질 수 있을법한 요소들이 있습니다. 신성한 교회의 전통을 거부하는 것처럼 보일 수도 있습니다. 주보가 그렇고, 예배 순서가 그렇고, 설교하는 형식이 그렇고, 여러 가지 면이 그렇습니다. 충분히 오해를 살 수도 있습니다.

게다가 가끔은 삐딱한 이벤트도 합니다. 한번은 노숙인들을 위해 신발을 기부하는 이벤트를 가진 적이 있습니다. 문제는 사전에 광고하기보다는 평범한 어느 주일 예배 때 급작스럽게 진행한 일입니다. 설교 끝부분에 제가 제안을 했습니다. 노숙인에게 가장 필요한 것 중에 하나는 튼실한 신발이라고 말이죠. 그래서 예배 중에 신발을 벗어서 기부하면 교회 청년들을 모아서 오후에 역으로 직접 가지고 가겠다고 했습니다.

과연 몇 사람이나 참여할지 전혀 예측할 수 없는 상황이었습니다. 저 혼자만 참여를 할 수도 있는 일이었습니다. 다른 것을 의도하기보다는 성령이 감동을 주는 대로 각자 자원해서 참여하기를 기대했습니다. 뒤숭숭한 분위기가 한동안 만들어졌지만 하나둘씩 신발을 벗고 계셨습니다. 그러고는 결국 수십 켤레나 되는 신발이 모아졌고, 자원한 봉사자들은 신발을 모아 역으로 직진했습니다. 어떤 분은 예배 후에 예식장에 가야 했는데 맨발로 갔다는 웃지 못할 말을 들었습니다. 그 모습을 옆에서 힐끗 바라보았을 하객들의 눈빛을 혼자 상상해 보았습니다.

겉으로 보기에는 삐딱해 보여도 아름다운 사람들이 가득한 교회입니다. 이 내용은 《다른 교회》에 더 자세히 설명이 되어 있기도 합니다.

뻔뻔했던 일

두 번의 '뻔'했던 일들이 있었습니다. 교회 개척 1년이 되었을 때 평소에 알고 지냈던 미국의 지인이 글로리아 진스(Gloria Jeans)라는 커피 브랜드를 한국에 런칭했습니다. 그때 매장이 에버랜드, 압구정동, 인천공항, 그리고 분당에 입점했던 것 같습니다.

대표님이 분당에서 만나자고 해서 분당에 위치한 매장으로 갔던 기억이 납니다. 벌써 25년이 넘은 일이니까 분당이 신도시로 들어선 지 얼마 안 되는 시점이었습니다. 그때 대표님은 도움을 줄 테니 "분당으로 와서 개척을 하면 어떻겠냐?"는 제안을 하셨습니다. 그리고 분당에 대한 발전 가능성에 대해서 친절하게 설명해주셨습니다.

그 당시에 멀티사이트(multisite)에 관한 지식이 있었다면 동시에 두 곳에 교회를 두는 것을 고려해보았을 수 있었을 것 같습니다. 하지만 한 곳에 집중하기도 바빴고 정말이지 아무것도 모르는 새내기 '개척자'였습니다.

다른 선택의 여지는 이미 시작한 교회를 버리고 분당에서 새로 시작하는 것이었습니다. 실은, 고향인 수원이 분당에서 멀지 않기 때문에 그것도 나쁘지 않은 방법이 되었을 수도 있었겠죠. 하지만 그렇게 하기엔 마음이 편하지 않았습니다.

비슷한 무렵에 국제 컴패션(Compassion) 책임자 두 사람이 한국에 나와서 한국 대표를 찾고 있었습니다. 저에게 갑자기 연락이 왔는데 소공동 조선호텔에서 아침 식사를 같이할 수 있는지 연락이 왔습니다. 영문도 모른 채 만나기로 약속하고 식사를 하는 중에 여러 가지 질문을 했습니다.

그런데 예상치 못한 마지막 질문이 하나 날라왔습니다. 제가 한국 대표에 도전해볼 마음이 있냐는 질문이었습니다. 연봉은 교회에서 받는 것보다는 다섯 배나 많았습니다. 일단 생각해 볼 시간을 달라는 말보다는 교회를 시작한 지 얼마 안 되기 때문에 두 가지 일을 병행할 자신이 없다고 대답했습니다. 욕심이 없었던 건지 그냥 정신이 없었던 건지 모르겠습니다. 그저 그때 상황에서 최대한 솔직히 답을 한 것 같습니다.

하지만 그때 일도 '뻔'했던 일이기에 두 번의 '뻔'을 합쳐서 '뻔뻔'했던 사건이 개척 초창기에 있었던 기억이 납니다. 나이도 어렸지만 뻔뻔스럽지 못했나 봅니다.

교회도
실패를 두려워하면 안 된다

우리 교회는 그동안 적지 않은 실험을 해 왔던 것이 사실입니다. 그리고 앞으로도 그런 실험적인 교회가 되었으면 좋겠습니다. 주변에 R & D가 많이 있는 것이 우리 지역의 특징이기도 합니다. R & D는 Research and Development의 영문 약자로 연구 개발의 의미를 지니고 있습니다.

교회도 다르지 않습니다. 교회는 말씀을 연구만 하는 곳이 아닙니다. 연구도 중요하지만 연구한 내용을 삶 가운데 적용하고 실행하는 것이 중요하니까요. 카이스트에 가면 '실패 연구소'가 있습니다. 이것이 바로 연구 개발의 정신이라고 할 수 있습니다. 실패를 할 수 있는 환경이 허용되고 마련될 때 비로소 도전할 수 있기 마련입니다.

교회도 그렇지 않을까요? 미래의 교회는 실패를 두려워하면 안 됩니다. 오히려 교회 구성원들과 사역자들이 과감하게 실패할 수 있는 환경을 마련해주면 좋겠습니다.

하나님의 마음으로
흩어지는 교회

교회를 시작할 때부터 '모이는 교회, 흩어지는 교회'라는 개념으로 시작했던 것 같습니다. 하지만 일단 모이면 흩어지기란 말처럼 쉽지 않죠. 과거에 하용조 목사님은 교인들에게 온누리교회에서 7년 정도 섬겼으면 더 열악한 교회에 가서 봉사해도 좋다고 말씀하셨다고 합니다.

그런 의미에서의 교회가 선교적 교회에 해당하는 것 같습니다. 흩어지는 것을 염두에 두고 신앙생활을 하는 셈이죠. 개인적으로 흩어질 수도 있지만 교회적으로도 가능한 일입니다. 분립 개척을 하는 경우도 선교적으로 흩어지고자 하는 마음을 반영하는 것 같습니다.

우리 교회에도 그렇게 개척하는 교회가 있는데 그중에는 '코너스교회'라고 하는 교회가 있습니다. 우리 교회의 이규용 목사님이 전도사님 한 분과 같이 시작한 교회입니다. 코너스(Corners)는 '구석진'이란 의미가 있기에 구석에 있는 사람들, 교회가 놓치고 있는 청년들을 위한 교회라는 의미가 있다고 합니다.

그런 의미에서 흩어지는 교회입니다. 교회가 돌보아야 할 대상은 구석진 곳에도 늘 존재하니까요. 그런가 하면 좀 더 최근에는 대학로에서 연극인들을 위해 월요일마다 모이고 있는 '원데이교회'도 같은 개념으로 시작된 교회입니다. 연극인들이 토요일 저녁 늦은 시간까지 공연을 하기에 일요일 아침에 교회에 정기적으로 출석하기 어려워서 월요일 모임을 요청한 교회입니다.

모양은 다양하지만 하나님의 마음으로 흩어지는 교회야말로 선교적인 교회라고 하겠습니다.

목사는 먹사다?

'목사는 먹사'라는 말이 있습니다. 썩 좋은 표현 같지는 않지만 워낙 사람들을 자주 만나야 하니 잘 먹어야 된다는 의미 같기도 합니다. 과거에는 가정 심방이 많았고 하루에도 여러 차례 심방이 있는 경우도 많습니다. 그때 어느 집에서는 적게 먹고, 또 어느 집에서는 많이 먹으면 금방 소문이 돈다고 합니다. 똑같이 먹어주어야 한다는 말입니다. 그런데 그게 뭐 맘대로 되는 일인가요? 아무튼 그래서 먹사라는 말은 건강해야 된다는 말이기도 합니다.

우리 교회에 해외 손님이 방문할 경우 "밥을 사주세요" 하며 부탁드린 적이 몇 번 있었습니다. 제 기억에 두세 번 정도 부탁드린 것 같습니다. 다행히 부탁드리면 밥 사주실 분은 많이 계십니다. 그 자체만으로도 감사한 일입니다.

평소에도 밥을 사 주겠다는 분들이 많습니다. 집에 초대해 주시는 분들도 계시고요. 그럴 때마다 너무 죄송하고 감사한 마음입니다. 밥을 사주시는 분들이 많은 교회는 건강하고 든든한 교회입니다.

그런데 제가 볼 때 더 건강한 교회는 목사도 밥을 살 줄 아는 교회입니다. 저도 가끔은 그렇게 했지만 저의 후임으로 오는 목사님은 저보다 더 잘하실 것 같은 예감이 듭니다. 저에게 예언의 은사가 약간 있거든요. 거짓 선지자가 될지 두고 봐야 될 것 같습니다.

서른아홉 명을
기억하는 목회자가 되길

많은 분들이 왜 일찍 은퇴를 하는지 물어봅니다. 특별한 이유가 있는 것 같지도 않습니다. 개척해서 30년 가까이 시간이 흘렀고, 혼자서 시작한 교회가 목회자가 10명이 훌쩍 넘는 교회로 자랐습니다. 그 말은 저보다 훨씬 젊은 목회자들이 많다는 이야기이기도 합니다. 그래서 저는 우리 교회를 현대인들에게 조금 더 가까이 다가갈 수 있는 사람이 이끌어가면 좋겠다는 생각입니다. 오래전에 시작한 공동체를 떠날 뿐, 언제 어디서나 또 다른 교회를 시작할 수도 있습니다.

그런데 저의 후임에게 부탁하고 싶은 말이 있습니다. 공동체 구성원의 일부는 투표에 참여하지 않았습니다. 기권했다고 할 수 있지만 전체 비율로 보면 적은 숫자는 아닙니다. 투표한 사람들 중 96.2%는 찬성표를 던졌습니다. 그리고 3.8%는 반대했습니다. 등록 교인 중 39명입니다. 소수라고 생각할 수 있지만 반대한 3.8프로 혹은 39명을 기억하는 목회자가 되길 바랍니다. 그래야만 목회에, 아니 인생에도 성공할 수 있다고 감히 생각합니다.

수수께끼 같은 일

교회의 목회자 청빙 절차는 정확히 1년이 걸린 것 같습니다. 그리고 그 과정에서 청빙 위원들이 고생을 참 많이 했습니다. 다른 교회의 자료를 살펴 보고, 후보군을 찾고, 인터뷰를 진행하고, 결과를 교회 앞에 발표하는 등, 적지 않은 시간을 투자해야 했습니다.

약 7명의 후보군에 대한 추천이 들어왔지만 그중에 한 사람은 지원을 하지 않았습니다. 저에게는 마치 수수께끼 같은 일이었다고 해도 과언이 아닙니다. 왜냐하면 우리 교회 목회자 중의 한 사람이었음에도 불구하고 일부러 지원을 하지 않았습니다. 추천을 받아도 지원을 하지 않으면 후보군에 해당이 될 수 없기 때문입니다.

잘은 모르겠지만 교회에 갈등이나 혼란을 일으키지 않기 위해서 양보를 한 것처럼 저에게는 보여집니다. 달리 말하면 일종의 배려라고 하겠습니다. 교회를 지극히 사랑하는 마음에서 나오는 배려 말입니다.

가장 마음에 드는 한 가지

저는 퇴임 행사는 원하지 않는다는 개인적 의사를 교회 운영위원회 측에 전했습니다. 그런데 교회 구성원들에게 설문조사를 실시하면서 저의 퇴임 이후 교회 구성원의 한 사람으로서 제가 어떤 역할을 하길 바라는가에 대한 질문이 있었다고 합니다. 거기에 대한 여러 가지 답변이 있었습니다.

사각지대 성도 돌봄(전화, 기도, 심방, 교제)

영적 울타리

시니어 사역

일 년에 한두 번 또는 분기별 설교

명예 목사 역할, 고문 역할을 수행

늘 곁에 있다는 느낌 주기

교회 발전을 위한 자문

아무것도 하지 않으시길

외부 활동 협력

좋은 인격적인 멘토 역할

교회 내 암행으로 교회 내 복지와 일반 성도들의 삶 다독임

너무 좋은 의견들이라고 느껴졌고, 이런 마음들이 모아진 것에 감사했습니다. 하지만 가장 마음에 드는 것은 딱 한 가지뿐이었습니다.

"아무것도 하지 않으시길"

가급적이면 아무것도 하지 않으려 합니다. 하버드대학교의 아서 브룩스(Arthur Brooks) 교수는 의도적으로 지루해지려는 노력이 우리에게 필요하다고 하지 않습니까? 온갖 정보나 엔터테인먼트로 시간을 채우기보다 오히려 지루함 속에서 생각할 여유가 생기고 창의적인 생각이 가능하기 때문이라고 설명합니다.

허락도 없이
들어가는 방

제가 그동안 교회에서 사용한 방은 307호입니다. 처음 건축을 할 때 이우진 집사님께서 저에게 더 큰 방인 306호를 제안하셨습니다. 일단 방이 더 쾌적하니까 그랬던 것 같습니다. 거기에 화장실도 별도로 만들어주실 수 있다고 하셨습니다.

하지만 왠지 저에겐 건너편에 있는 작은 방이 더 어울릴 것 같았습니다. 화장실도 따로 있는 것이 오히려 불편할 것 같았습니다. 복도 끝에 있는 화장실을 남들처럼 사용하면 될 문제 같기도 했습니다. 게다가 307호가 규모는 훨씬 작아도 제가 보기에는 창문 밖 풍경도 더 좋아 보였습니다.

그런데 제가 307호를 자주 사용하지 않는 편이라 그런지 교회 교역자들 사이에서는 티룸(Tea Room)이라고 부르기도 합니다. 허락도 없이 들어가는데 심심하면 가서 차를 마시는 방이 되어 버렸으니까요. 하지만 저는 그게 싫지 않습니다. 그래서 문을 잠그지도 않습니다. 언제나 들어갈 수 있고 언제나 환영받는 방입니다. 교회에 그런 방 하나쯤은 있어야 하지 않겠습니까?

실은 교회를 떠나며 딱 하나 운영위원회에 부탁을 했습니다. 저를 위해 교회에서 집을 마련해달라고 부탁한 일이 없고, 전세금을 내달라고 하거나 관리비를 내달라고 부탁하거나 차량이 필요하다고 한 적 없습니다. 하지만 제 방은 한동안 사용하게 해달라고 했습니다. 가끔은 책도 보고, 기도도 하고, 사람도 만나는 공간으로 사용하고 싶습니다.

이길승의 <교회>

교회는 주님의 몸 그 머리는 예수
세상의 어떤 힘이 무너뜨릴 수 없네
교회가 서 있는 곳 늘 계시는 예수
세상 그 어떤 이도 그를 만날 수 있네
교회로 옵니다 예수님 계신 곳
교회로 옵니다 난 주가 필요해
교회로 옵니다 예수님 계신 곳
교회로 옵니다 난 주를 만나요 예수
교회는 주님의 몸 그 머리는 예수
내 삶의 주인이시니 나도 주님의 교회
교회가 서 있는 곳 늘 계시는 예수
내 안에 그가 계셔 당신을 부르네

교회가 갑니다 내 몸이 갑니다

교회가 갑니다 당신을 불러요

교회가 갑니다 내 몸이 갑니다

교회가 갑니다 당신을 찾아요 예수

2
부

이런 교인 저런 교인

우리 교회 이야기

마음을 치유하는 처방

교회에 의사 선생님이 여럿 계십니다. 그중에 박○일 원장님은 필리핀에서 한국으로 농사짓는 농부의 젊은 아내로 시집을 오게 된 환자를 진료하게 됩니다. 남편을 돕느라 몸이 많이 망가진 모양이었나 봅니다. 몸도 몸이지만 상황을 물으니 이민살이 근 8년 가까이 형편이 어려운 나머지 고향에 한 번도 돌아가지 못한 사실을 알게 되었습니다.

박 원장님은 그 자리에서 비행기표를 살 수 있는 돈을 챙겨주면서 어머님을 뵙고 오라고 신신당부하셨습니다. 그러고는 환자에게 약을 지어주고 집으로 보내면서 1년에 한 번은 어머님 뵈러 고향에 꼭 다녀오라고, 다음에도 비행기표 구입을 도와주겠다고 하셨습니다.

박 원장님의 이런 '처방'은 처음이 아닌 것으로 저는 알고 있습니다. 아마 선생님께서는 한약이든 양약이든 약도 약이지만, 마음의 치료가 우선인 것을 알고 계셨던 것 같습니다. 그리고 그 마음의 치료는 고향 땅을 수년간 떠나온 이주민 여성이 고향의 향수만이 아닌 연세가 지긋해지신 어머님을 그리워하는 딸의 마음을 달래주는 길임을 아셨던 것 같습니다.

목사에게
영적 스승이 되는 귀한 순간

이따금씩 "목사님 안녕하세요"로 시작되는 카톡이나 메일을 받게 됩니다. 대부분은 기도 요청을 하시는 내용이거나, 주례나 장례를 부탁하는 경우도 있습니다. 때로는 상담을 요청하는 분도 있습니다.

얼마 전에 임○욱 선생님에게 받은 카톡은 약 네 번 정도 대화가 이어졌습니다.

첫 번째: "저녁 늦은 시간 연락드려서 죄송합니다. 심방 또는 기도를 요청드리고 싶은데 마침 목사님의 번호가 있어서 이렇게 연락드립니다. 다름 아니라 저희 가정에 10일 전에 세상에서 가장 아름다운 생명 하랑이가 태어났습니다. 하지만

배어난 시 8일 만에 고열로 인해 중환자실을 들어갔고 현재는 간수치와 혈액응고 문제로 인해 큰 병원으로 전원조치되어야 할 만큼 어려운 상황입니다. 기도밖에 할 것이 없어서 이곳저곳 기도도 요청하고 아내와 함께 기도도 하고 있지만 우리 인생에 앞으로 하랑이가 없을 수도 있다는 두려움과 막막함으로 하루하루가 어렵고 힘이 듭니다."

두 번째: "어제 생존 확률이 10프로밖에 안 되던 밤을 이겨내고 우리 하랑이의 부모로써 하루를 더 허락해주셨습니다. 우리 하랑이가 잘 버텨서, 원래 간의 기능을 회복하고 모든 기관이 원상복구되어서 스스로 회복할 수 있도록, 뇌손상이 영구적이지 않고 곧 회복할 수 있어서 간 회복 이후의 삶도 자가로 살아갈 수 있도록. 하루하루가 너무나 소중하고 아름다운 우리 하랑이를 위해서 진심으로 기도 부탁드립니다. 마지막으로 너무 아파 보이는 사진일 수 있으나 저에겐 너무나도 이쁘고 사랑스러운 하랑이 사진도 같이 보냅니다."

세 번째: "목사님 상황이 조금은 달라졌습니다. 아무래도 우리 하랑이를 하나님 곁으로 보내줘야 할 것 같습니다. 저희에

게 하랑이가 하루라는 선물을 준 것 같아요. 너무 사랑하는데 보낼 수 없는 아빠 엄마 마음을 알고는 그렇게 힘겹게 어제를 견뎌줬네요. 오늘을 넘기기는 어려울 듯합니다."

네 번째: "목사님 감사합니다. 하나님의 사랑 하랑이가 오후 6시 22분에 하나님 곁으로 갔습니다. 수많은 기도의 동역자와 영적 지도자분들의 도움으로 저희 가정이 이 순간을 14일의 축복으로 받아드리게 되었고, 너무 아쉽지만 너무 행복했던 순간들이었습니다. 다시 한번 저희 삶의 위기의 순간에 도움 주심에 감사드립니다."

내용이 늘 같지는 않지만 이런 소식을 접하게 되면 남의 일 같지 않다는 생각이 먼저 듭니다. 교회 가족도 저에겐 가족이니까요. 물론 당사자의 마음을 다 헤아릴 길은 없습니다. 그런데 하랑이 아빠의 글에서도 느낄 수 있듯이 이렇게 '죽음의 골짜기'를 통과하는 분들은 저에게 남다른 교훈과 깨달음을 줍니다. 아니, 오히려 저들이 나의 목회자가 되고 영적 스승이 될 때가 더 많은 것이 사실입니다.

하랑이 아빠에게 제가 마지막으로 보낸 톡의 내용이 그랬습니다. "인생의 허부함을 오히려 감사와 축복으로 받아들이는 모습이 참으로 귀하고 아름답습니다"라고 말이죠. 오늘도 젊은 아빠에게 삶을 배웁니다.

P.S. 하랑이네 가정에 하랑이 동생이 최근에 건강하게 태어났다는 소식을 들었습니다.

1년에 한 번 나오는 '열심' 교인

교회에는 다양한 사람들이 나올 수밖에 없습니다. 사람 사는 세상 한복판에 있으니까요. 그중에는 믿거나 말거나 1년에 한 번만 교회에 나오는 교인도 있습니다. 그런데 생각해 보면 1년에 한 번을 나와도 교인은 교인입니다. 그렇지 않나요?

하지만 1년에 한 번을 여간해선 안 빠집니다. 그만큼 '열심'인 셈이죠. 1년에 한 번만 나오는 이유는 식당을 운영하는 부부이기에 주말에는 교회를 가고 싶어도 갈 수가 없는 형편이기 때문입니다.

교회에는 물론 여러 종류의 예배가 있고 모이는 시간도 다양하지만 그중에 송구영신이라는 예배가 있습니다. 연말 늦은 시간에 모여 한 해를 돌아보며 동시에 신년을 맞이하는 예배를 일컫는 경우인데 보통 밤늦게 시작해서(식당 영업 시간 이후) 온 교인이 같이 '카운트다운'을 하며 자정이 지나 끝나는 예배입니다.

두 부부가 다른 것은 못 지켜도 이 예배만은 지키는 셈이니 얼마나 자신의 자리를 성실하고 부지런히 지키는지 모르겠습니다.

청년의 마음을 사로잡는 법

홍대 지역에서 청년들 중심의 목회를 하는 젊은 목사님을 만난 적이 있습니다. 머리를 노랗게 물들인 것도 인상적이었지만 그것보다는 청년들과의 사역에 있어서의 핵심은 같이 먹고 뒹구는 거라는 표현이었습니다. 그 말은 청년 사역에 성공하려면 먼저 친해져야만 한다는 말 같았습니다.

청년 사역을 하는 또 다른 목사님은 매 년마다 청년들과 제주도를 간다고 했습니다. 제주도에서 뭘 하시는지 여쭈어보니 가격이 비교적 저렴한 새마을 연수원에 방을 잡아 열흘간 같이 걷고, 매일 큐티하고, 맛집을 간다는 이야기를 하셨습니다. 열흘을 그렇게 지내면 그 누구보다도 친해질 수 있을 것 같습니다. 청년 사역을 잘하는 분들을 만나면 공통점이 보이는 것이

시 실입니다.

우리 교회에도 청년들을 위해 식사 준비에 진심이신 분이 계셨습니다. 이분도 청년 사역에 있어 '베타랑'이시다 보니 언제나 청년들을 먹이는 일에 바쁘셨습니다. 그런데 역시 '모이는 힘'이 작용하는 것을 보았습니다. 윤○경 집사님의 헌신은 청년들의 마음을 움직였고, 그들의 마음을 사로 잡은 것은 대단한 능력이라기 보다 '엄마 정신'이었습니다. 청년들이 굶지 않고 밥 한 그릇이라도 더 주고 싶은 엄마의 마음, 그거 하나면 충분합니다.

청년들은 설교 잘하는 목사님 때문에 모이지 않습니다. 같이 먹고 뒹굴 줄 아는 사람만 있으면 됩니다. 요리 좋아하는 집사님까지 계신다면 게임 끝입니다. 거기에다 설교까지 잘하는 목사님이 계신다면 그건 곧 하늘나라입니다.

때가 되면 떠날
청년들을 위한 '벤치에서'

벤치는 어디에서나 찾을 수 있습니다. 기차역에도 있고 공원에도 있고 버스 정류장에도 있습니다. 어떤 벤치는 앉아 있을 수도 있지만 누워 있을 수도 있습니다. 벤치는 화려하지도 않고 그렇게 편하지도 않습니다. 딱딱하기 때문에 오래 앉아 있으면 불편합니다. 그래서 잠시 동안 쉬어가기에는 안성맞춤입니다.

우리 삶도 벤치를 닮은 부분이 있는 것 같습니다. 일을 하다가 휴식을 취하는 것은 당연한 일입니다. 우리 몸은 기계가 아니니까요. 하지만 휴식을 취한 후에 우리는 다시 일상으로 돌아갈 때가 많습니다. 지친 몸과 마음이 잠시 쉼과 에너지를 얻고 다시 일어서게 하는 것이 벤치가 지닌 특성이라고 할 수 있겠습니다.

그래서 저는 우리 교회 청년부의 이름을 '벤치에서'라고 지었습니다. 청년들이 교회에 모여 쉼을 누리는 것도 필요하지만 늘 그 자리에 머물러 있는 것은 청년의 모습이 아닌 것 같았습니다. 때가 되면 자신의 자리를 박차고 일어나 나를 움직여야 할 필요가 있습니다. 벤치가 그렇습니다. 우리를 쉬게 하지만 늘 그 자리에서 머물러 있게끔 놔두지 않습니다.

픽 미,
픽 미 업

계단 콘서트를 교회 입구 앞 계단에서 가졌습니다. 생각보다 사람들이 많이 참여해서 10팀이 돌아가면서 순서를 맡았습니다. 길거리 공연과 같은 야외무대였는데 고등학생 재즈 춤 댄스팀을 제외하고는 대부분 클래식한 느낌이었습니다.

그런데 우리 팀은 맨정신으로 걸그룹의 〈픽 미 업〉을 부르고 춤까지 추게 되었습니다. 그것도 모자라 전원이 여고생 교복까지 입고 나올 정도였죠. 교회 스태프들의 순서였기에 어쩔 수 없었지만, 꼭 끼는 여학생 교복을 입은 천 목사님은 정말 징그러워 보였는데 아마 저 역시 느끼한 모습이 아니었을까 싶습니다. 그런데 써니 목사님은 왜 그렇게 여고생 교복이 잘 어울리는지요.

그날이 10월 7일 저녁이었고, 같은 날 《와플 터치》 본문이

〈신명기〉 22장 1~30장이었습니다. 5절에는 다음과 같은 내용이 있었습니다.

> "여자는 남자의 옷을 입지 말며, 남자는 여자의 옷을 입지 마십시오. 여호와께서는 이렇게 하는 자를 몹시 미워하십니다."

그날이 저희의 처음이자 마지막 계단 콘서트였습니다.

목회자 가정을 위한 선물

제가 30년 가까이 한 교회를 이끌어 오면서 느낀 것 중에 하나는 목회자 가정에는 주말이 없다는 사실입니다. 웬만한 가정은 그래도 가끔씩 주말이 오면 산과 바다로 여행을 갈 수도 있습니다. 몸이 아프면 쉬면 됩니다. 하지만 매주 설교를 하고 예배를 인도하는 목회자는 특히나 주말에는 아프면 안 됩니다. 아파도 주말은 피해서 아파야만 합니다.

그래서 가장 미안함을 느끼는 것은 아내에게 그리고 자녀들에게 갖게 되는 미안함입니다. 가뜩이나 정서적 안정감이 필요하고 아빠의 사랑도 받아야 할 나이에 주말에 아빠가 놀아주지 못하는 것이 목회자 가정의 현주소라고 할까요?

제가 아는 목사님은 30년 이상 목회를 하셨는데 주일을 한 번도 비우신 적이 없다고 하셨습니다. 저는 비교적 교회를 비운 적도 많았고 여행을 훌쩍 떠난 적도 있었지만 현실이 녹녹지 않은 분들이 많습니다.

교인들이 의견을 모아서(굳이 여비까지는 보태지 않을지라도) 목회자 가정이 1년에 한두 번 만큼은 교회를 떠나 여행을 다녀 올 수 있게 하는 배려가 있으면 좋겠습니다. 사실은 그게 궁극적으로 교회를 돕는 일이거든요. 우리 교회는 그런 선물을 주셨기에 행복하게 일을 할 수 있었습니다. 교회 사역도 중요하지만 가정 사역 또한 놓쳐서는 안 되겠습니다.

처음이자 마지막인
십일조

가끔은 고액 헌금을 하시는 분들이 계십니다. 성경적으로 볼 때 헌금을 얼마 하느냐는 중요하지 않습니다. 하나님이 감동을 주시는 대로 하면 된다고 생각합니다. 그리고 하나님께서 어떤 금액을 정해 놓으신 것도 아닙니다. 성경에 십일조의 개념은 있지만 그 이하도, 그 이상도 할 수 있는 일입니다.

고액 헌금을 하시는 분들은 대부분 어떤 사연이 있기 때문입니다. 그리고 고액이다 보니 때로는 그 사연을 저에게 설명해주시고 헌금을 직접 주시는 분들도 계십니다. 물론 아무도 모르게 무명으로 하는 것을 원하시는 경우도 있습니다.

오래전에 어느 부부가 저를 찾아와 2천만 원 은행 수표를 주셨습니다. 교회에 헌금하고 싶다고 하셨습니다. 배경을 여쭈어

보니 어머님께서 2억 상당의 아파트를 마련해 주셔서 거기에 대한 십일조를 하시고 싶다는 취지였습니다. 집을 장만하면서 거기에 대한 십일조를 하시는 분은 그때가 처음이자 마지막이었습니다. 30여 년 전 일입니다. 그 당시에 2억 상당의 아파트였으니 지금은 적어도 10억 가치는 있을 것 같습니다.

그때 저의 기분은 한 마디로 먹먹했던 것 같습니다. 그다음에 떠오른 것은 사도행전의 초대 교회에서 땅을 팔아 교회 앞으로 가지고 온 부부의 이야기가 생각났습니다. 쉽지 않은 일입니다. 하지만 교회는 이런 분들의 헌신으로 세워져 가는 것 같습니다.

교회에 광고는 하지 않았습니다. 그런 걸 자랑하기보다는 쑥스러워 하시는 분들이었기 때문입니다. 그냥, 뭐라고 할까요? 아름다웠습니다. 그런데 그런 내용을 때로는 저만 알고 있으니 안타깝기도 합니다. 하지만 하나님은 그분들의 마음을 보시겠죠?

이 교회 아니면 갈 데가 없습니다

교회는 '교'자도 모르는 남자 한 분이 아내의 기도와 설득에 못 이겨(제 기억에는 남편의 외도를 '나랑 교회에 한 번 나가주면 용서해 주겠다'는 말에) 처음으로 나오셨다고 합니다. 그렇게 쉽게 남편을 용서(?)해 주시는 분도 처음 만나본 것 같습니다. 그만큼 믿음이 좋으셨겠죠.

아무튼, 그 이후 어렵게 교회를 오신 남편분과 밥도 먹으면서 그분은 교회 안으로 점진적으로 들어오기 시작했습니다. 많은 분들이 그분을 환영해 주셨고, 결국에는 잘 정착하셔서 주차 봉사까지 하신 것으로 기억합니다. 외모는 거칠어 보이셔서 주차 봉사를 하시면 사람들이 말을 잘 듣는 효과는 확실했던 기억이 있습니다.

그런데 마음씨는 곱고 부드러운 분이셨습니다. 하루는 저에게 고백하시는 것 있죠?

"요한 목사님, 저는 이 교회 아니면 갈 데가 없습니다."

그 순간 저 자신에게 약속을 했습니다. 교회가 낯선 이들을 위한 교회가 되는 노력을 멈추지 않겠다고 말입니다. 그 이후 그런 분들이 한두 분씩 늘기 시작한 것 같아 얼마나 감사한지 모릅니다. 교회 가족들이 이 부분에 저와 마음이 통해서 감사하기도 합니다. 그런 분들이 갈 수 있는 교회가 건강한 것이니까요.

화장실에 꽃을 장식하는 것이 바로 예배

우리 어머님은 과거에 교회에서 하시는 일이 화장실을 청소하는 일이었습니다. 어머님도 아버님도 화장실이 교회의 얼굴이라고 생각하셨기 때문에 예배당 못지 않게 관심을 가지시는 영역이 있었다면 바로 화장실이었거든요.

교회 안에는 여러 가지 종류의 봉사가 있기 마련입니다. 주차, 교사, 주방, 청소, 예배, 등 정말 다양한 일들이 있으니까요. 그런데 화장실은 대부분의 사람들이 관심을 갖지 않는 영역이긴 합니다.

우리 교회에는 화장실에 어김없이 작은 꽃병과 함께 꽃장식을 하시는 윤○경 집사님이 계십니다. 집사님은 그렇게 교회의 가장 구석진 곳까지 아름답게 하는 역할을 오랫동안 해주셨고, 화장실을 드나드는 수많은 사람들에게 적지 않은 감동을 주셨습니다. 삶이 곧 예배라면 화장실을 관리하며 그 화장실에 꽃을 장식하는 마음도 바로 예배인 것 같습니다.

봉사 갔다가 봉변당한 사연

교회가 시작된 이후 가장 먼저 봉사를 간 곳은 성화원(지금은 후생원과 합병이 됨)이라는 외진 고아원이었습니다. 봉사도 봉사지만 사실 가장 의미 있는 일은 가서 아이들과 놀아주는 일이었습니다. 남자아이들은 축구를 좋아했고 여자아이들은 여집사님들이 말동무도 되어주고 간식도 나누어 주는 등 그냥 친구가 되어주고 가족이 되어주려는 노력을 한 것 같습니다.

어느 정도 시간이 지나고 친해진 이후에 임○자 집사님은 아이들을 위한 이발과 미용을 담당해 주기도 했습니다. 그만큼 아이들이 집사님을 신뢰하는 관계가 형성 되었다는 의미 같았습니다. 그 집사님은 나중에 작은 미용실을 운영 하면서 형편이 어려운 사람들의 머리를 자주 관리해 주신 것으로 알고 있습니다.

그런데 한 번은 그분이 섬마을에 교인 몇 명과 같이 봉사를 다녀온 이후에 들려준 이야기가 있습니다. 마찬가지로 섬마을 사람들에게 무료로 미용을 해주려고 들어갔다가 화를 당한 사연이었는데, 그 섬에 이발소가 하나밖에 없는데 섬에 봉사를 온 사람들에게 칼부림을 하며 쫓아냈다는 겁니다.

무슨 일인가 자초지종을 여쭈어보니 저 같아도 그랬을 것 같습니다. 아무리 봉사라는 선한 마음으로 섬마을에 찾아왔다고 해도 이발소 사장님은 생각을 못했던 것입니다. 그분 입장에서는 몇 안 되는 당신의 소중한 고객을 빼앗기는 셈이니까 그분의 밥벌이를 봉사자들이 탈취하는 법이죠.

그 이야기를 듣고 많은 생각을 하게 되었습니다. 교회는 선한 마음으로 봉사를 한다고 하지만 놓치는 부분은 없는지 살피는 작업이 먼저 있어야 될 것 같습니다. 아무리 선한 의도라고 해도 자칫 잘못하면 욕만 먹는 꼴이 되니까요.

수험생을 위한
부모님의 손편지

교회는 해마다 연례행사들이 있기 마련입니다. 그중에 하나가 수능 기간에 수험생들과 학부모를 위한 기도회입니다. 우리 교회의 경우 그때 그때 다르긴 하지만 예배 시간 후에 아니면 별도의 자리를 만들어 수험생을 위해 기도를 할 때가 있습니다.

최근에도 그런 기도회가 있었는데 부모님께 미리 부탁을 드려서 학생들 한 명 한 명을 위한 편지를 쓰도록 했습니다. 수능을 앞둔 자녀들을 격려하고 응원하는 짧은 손편지를 부모님이 쓰는 기회를 갖는 셈입니다.

그런데 그렇게 자녀들의 수능을 앞둔 부모님들 사이에 한 분의 여집사님이 처음부터 끝까지 그 자리에 참석해 눈물로 기도

하셨습니다. 이○임 집사님의 자녀들은 수능을 이미 오래전에 봤기에 그 기도 모임에 나오실 필요가 없었지만 학부형 편에 서서 저들을 지지해주기 위해서 일부러 나오셨던 것입니다.

교회는 대단한 사람들이 모이는 곳도 아니며 대단한 일을 하는 곳도 아닙니다. 하지만 하나님이 한 사람씩 만나주시는 것처럼 우리도 한 사람씩 만나는 일이 중요한 것 같습니다. 그게 바로 교회이니까요.

다혜를
다시 볼 수 있을까요?

교회에는 급한 전화를 받는 경우가 종종 있습니다. 한번은 다급한 목소리의 고등학생 아빠의 전화를 받은 적도 있습니다. 물론 교회 가족이었습니다. 친구들과 같이 있던 아들이 술집에서 사람을 때려 파출소에 잡혀갔는데 파출소에 와줄 수 있느냐는 말씀이셨습니다. 늦은 밤, 급하게 옷을 챙겨 입고 파출소로 출동한 기억이 지금도 생생합니다.

그런데 한번은 다혜라는 아이의 고모로부터 전화를 받았습니다. 감기에 걸려 고생하던 9살 다혜가 열이 심하게 오르면서 열을 내리지 못한 까닭에 뇌에 손상이 오면서 결국 세상을 떠났다는 이야기였습니다. 그래서 다혜의 장례를 벽제에서 맡아 달라는 부탁이었습니다.

이런 부탁을 어떻게 거절할 수 있겠습니까? 문제는 그 가정을, 다혜의 엄마 아빠를 위로할 길도 말도 없었습니다. 어떻게 위로합니까? 어떻게 위로가 되겠습니까?

그래서 그냥 무작정 벽제로 달려갔습니다. 장례를 마치고 울고 있는 다혜 아빠의 손을 잡고 무거운 발걸음으로 같이 걷고 있었습니다. 갑자기 제 손을 잡고 있었던 다혜 아빠가 저에게 질문을 던집니다.

"다혜를 다시 볼 수 있을까요?"

순간적으로 뭐라고 답해야 할지 망설이긴 했지만, 결국 말씀드렸습니다.

"그럼요. 다혜를 꼭 다시 보실 수 있을 겁니다."

언젠가 그 만남의 자리에 저도 있고 싶습니다. 엄마, 아빠만큼은 아닐지 몰라도 어린 다혜의 장례를 담당한 저 역시 다혜를 꼭 보고 싶기 때문입니다. 지금도 천국에서 엄마 아빠를 응원해주고 있을 다혜의 웃는 모습을 상상해봅니다.

"다혜야, 보고 싶다. 잘 지내고 있지?"

7847번의 문자 사연

기다림에 관한 설교를 한 적이 있습니다. 그러고는 설교 끝에 '기다림'에 관한 사연이 있는 분은 문자로 보내달라고 했던 것 같습니다.

그중에 한 분은 저희 어머님처럼 다발성 골수종을 앓게 되신 여자 집사님이 계셨는데, 그분의 '기다림' 이야기가 특별히 저의 가슴을 때린 기억이 납니다. 그분의 문자 내용을 여기에 소개 하려고 합니다.

"2010년 비 오는 어느 새벽이었습니다. 저는 다발성 골수종이라는 병으로 쓰러져 C병원에 20일간 입원해 있다가 혈액암 권위자가 있는 병원에 어렵게 예약이 잡혀 급히 퇴원 수속을 마치고 남편 차를 타려고 주차장에 나섰는데, 문 앞에

권○만, 박○현 집사님이 서 계셨습니다. 두 분은 빗속에서 우산을 쓰고 저를 기다리고 계셨습니다. 두 분은 아무 말 없이 저를 바라보셨고, 제가 차에 탈 때까지 기다려주시고, 차가 떠날 때 손을 흔들어주셨습니다.

제가 언제 돌아올 수 있을지, 돌아올 수는 있을지 모르는 상황이었습니다. 가슴이 뜨거워지고 눈물이 나왔습니다. 떠나는 나를 보기 위해 그 새벽에 찾아와서 문밖에서 기다려주신 두 분의 사랑에 감사드립니다.

아울러 박○열 집사님께도 감사 드립니다. 의사이신 박 집사님은 그날 새벽에 더 일찍 오셔서 C병원 혈액내과 의사가 출근하길 기다려 퇴원 허락을 받아주셨습니다.

이 세 분은 저희 부부와 같은 소그룹 식구였습니다. 그동안 이분들의 은혜를 잊고 살았던 것을 사과드리고 싶습니다."

기다림은 이렇게 아름다운 것입니다. 그렇게 하나님은 오늘도 우리를 기다려 주고 계시는 것 같습니다. 위에 문자를 보내주신 7847번 님은 그분의 투병 생활을 《60년생이 사는 법》이라는 책에 소개해주기도 하셨습니다. 암환자뿐만 아니라 누가 읽어도 울림과 감동이 있는 글입니다.

목사님은 주중에 뭐 하세요?

창영이라는 주일학교(작은 마을) 학생이 이제 버젓한 청년이 되어 버렸습니다. 어린 시절의 창영이가 예배 후에 저를 찾아오더니 질문을 합니다.

"목사님은 직업이 뭐예요?"

그래서 답했죠.

"목사지."

그러자 창영이가 또 물어봅니다.

"그럼 주중에는 뭐 하세요?"

뭐라 답할지 망설이다가 결국 설명을 장황하게 했던 것 같습니다.

"설교 준비도 하고, 책도 보고, 글도 쓰고, 울 아버지 심부름도 하고, 기도도 하고, 회의도 가고, 사람도 만나구…"

창영이의 눈빛에 별 감흥이 없어 보였습니다. 그때 우리 교회 김선의 목사님이 나타났습니다. 창영이가 또 질문을 합니다.

"목사님은 주중에 뭐하세요?"

그러자 목사님은 당당하게 답했습니다.

"난 놀아."

창영이의 입에서 나온 반응은 딱 한마디였습니다.

"헐."

그때야 비로소 감동을 받은 것 같았습니다. 하긴. 일하는 사람이 있어야 노는 사람도 있는 법이죠.

여기라면
가능할 것 같습니다

이따금씩 교회를 멀리서 방문하는 분들이 계십니다. 온라인으로 설교를 들었거나, 유튜브를 통해 보았다는 등, 그런 분들이죠. 한번은 교회를 찾아 오신 부부 중 아내분이 설명을 해주셨습니다. 믿지 않는 남편을 데리고 교회를 여러 곳 가봤지만 늘 실망이 컸다고 합니다. 그러던 중 우리 교회를 우연히 만나게 되었는데, 벼르고 벼르다가 용기를 내서 평촌(안양시 동안구의 신도시)에서 한 시간 넘는 거리를 운전해서 왔다는 이야기입니다. 중1 딸, 초4 딸도 엄마 따라 같이 왔습니다. 아빠를 위해 '스카우트'겸 온 셈이라고 할까요.

하도 귀하고 귀해서 저는 날짜까지 잊혀지지 않습니다. 3월 24일 이었습니다. 남편은 건축을 한다고 설명해 주시면서 한마디만 하고 가셨던 기억이 납니다.

"여기라면 가능할 것 같습니다."

그게 전부였습니다. 우리 교회를 위한 다른 소원은 크게 없습니다. 방황하는 사람들이 맘껏 찾아올 수 있다면 좋겠습니다. 그분이 예배를 마치고 떠나신 뒤에 제 귀에 오랫동안 맴도는 한마디는 '여기라면'이었습니다. 여기라면 가능할 것 같습니다. 참 좋은 말 같았습니다.

교인을 위해
대리운전하는 목사

두 분 집사님을 제가 사는 동네에서 만나서 이른 저녁 식사를 한 적이 있었습니다. 그런데 두 분은 술을 드셔서 그랬는지 대화가 길어지셨습니다. 그래서 제가 두 분께 설명드렸죠. 저는 수요 예배를 가야 되니까 일단 교회를 다녀오겠다고 말씀드렸습니다. 만일 제가 다녀올 때까지 안 끝나시면 제가 두 분을 댁에 모셔다 드리겠다는 약속을 했던 것 같습니다.

그러고는 약 2시간 뒤에 돌아왔는데 두 분은 아직도 그 자리에 계셨습니다. 두 분을 안전하게 모셔다드리고 집에 오니까 아내가 물어봅니다. 왜 그렇게 늦었냐고? 그래서 집사님 두 분이 취하셔서 댁에 모셔다드렸다고 했습니다.

그때부터 저는 '약주 드시는 교인들을 위한 대리운전 사업을 시작해볼까?'라는 생각을 했다가 아내가 말리는 바람에 바로 접었습니다. 하지만 지금도 가끔 그날이 떠오르곤 합니다. 그리고 그 사업 나쁘지 않았을 것 같습니다. 목사가 교인들을 위해 하는 대리운전, 끌리지 않습니까?

2분짜리 모래시계, 1분짜리 모래시계

우리 교회에는 시니어들도 제법 계시는 편입니다. 어르신들 중에는 소그룹으로 정기 모임을 갖는 분들도 계십니다. 문제는 만나면 말씀들이 길어질 때가 많습니다. 교회만 오면 수다쟁이가 되는가 봅니다. 다행스러운 일이죠. 교회 카페에서도 한번 시작하면 2시간은 기본입니다.

그래서 그 그룹의 멤버 집사님 중에 한 분께서 하루는 모래시계를 들고 오셨다고 합니다. 2분 짜리입니다. 한 사람이 너무 길게 말하게 되면 안 좋으니 공평하게 돌아가면서 2분씩만 말하자는 취지에서 모래시계를 준비하신 것 같습니다. 과연 효과가 있는지는 모르겠지만 기발한 아이디어입니다. 그래야 모두에게 기회가 주어지니까요.

그런데 더 놀라운 사실이 있었습니다. 모래시계를 그룹에 챙겨 가는 차 집사님께서 저에게 그랬습니다.

"집에서 따로 사용하는 모래시계가 또 있는데, 그건 1분 짜리야~"

이건 한참 생각해야 빵 터질 수 있는 내용입니다. 정말 재밌는 분들 많습니다. 호호호.

저도 졸아서 생각 안 나요

예배 시간만 되면 조는 집사님이 계십니다. 이분은 재미있는 게 학교에서는 학생들을 가르치시는 분이니까, 짐작컨데 수업 시간에 조는 학생들이 있으면 혼내키실 것 같습니다. 그런데 정작 당신은 늘 교회에 오시면 졸거든요.

그날도 그랬습니다. 예배 후에 인사를 하는데 저에게 질문을 하시더군요.

"목사님, 제가 조느라 잘 못 들었는데요, 오늘 설교 제목이 뭐였죠?"

이분의 의도는 내용을 잘 못 들었으니, 제목이라도 알고 가자라는 마음이었나 봅니다. 집에 가면 사모님이 퀴즈를 내실 수 있거든요. 졸았나 안 졸았나 확인 들어가는 거죠. 그런데 제가 십사님께 그랬습니다.

"설교 제목요? 저도 졸아서 생각이 잘 안 나요."

설교하면서 저도 같이 졸았다고 말씀드렸더니 당황하신 것 같았습니다. 그 이후로는 졸지 않으시더라고요. 아마 설교 중에 제가 조는지 안 조는지 확인하느라 그러신 것 같습니다.

만장일치가 아니면 모시지 않는다

수년간 우리 교회는 〈여름 이야기〉라는 프로그램을 진행했습니다. 주로 7월에 진행하는 프로그램으로 외부 강사를 초빙해서 평소에 듣지 못하는 명사들의 말씀을 들을 수 있는 기회를 제공하는 셈이었습니다.

그중에는 이해인 수녀님도 계셨습니다. 수녀님은 '말'에 대한 강연을 해 주셨는데 제 기억에 남는 것은 강연 내용이 아니었습니다. 수녀를 교회에 모셨다는 것에 대해 부정적이신 교인들도 더러 있었다는 부분을 알게 되었습니다. 그 사실이 저에게는 다소 충격적이긴 했지만 신앙적으로 보수적 성향을 가지신 분들에게는 많고 많은 강사 중에 수녀님이 교회에 강사로 오시는 것은 불쾌할 수도 있겠다는 생각이 뒤늦게 들었습니다. 교회는 워낙 다양한 취향과 생각들을 갖고 있는 사람들이 모인 곳이라는 것을 알게 되었습니다.

그 뒤로 김형석 교수님을 모실 수 있는 기회도 있었는데 그때는 운영위원회에 찬반 투표를 제안 했습니다. 대부분은 찬성을 했지만 10프로 정도는 반대 의사를 밝혔기에 없던 일로 하기로 했습니다. 그냥 웬만하면 교회 일은 만장일치가 아니면 진행하지 않기로 했죠. 예전 같았으면 제가 하고 싶은 대로 했을 것 같은데 더 이상 제 목소리만 주장하고 싶지 않았습니다.

하지만 여전히 아쉽긴 합니다. 최근에 온 인류 최장수 작가이자 책을 103세에 출간한 인물로 '기네스'에 등재된 자랑스러운 한국인이기도 하니까요. 현재는 106세의 연세에 과연 그런 분을 교회에 모실 수 있는 기회가 또 주어질지 의문입니다.

아이들과 함께가
아니라면!

교회에 모셨던 외부 강사 중에는 김동길 교수님도 계셨는데 섭외할 때부터 교수님은 묘한 끌림이 있었다고 할까요? 비서를 통해 연락을 주고 받을 때였습니다. 강연 후에 점심 식사를 모시고 싶은데 어떤 음식을 선호하시는지 한 · 중 · 일 중에서 골라 주시면 적절한 곳으로 예약을 하겠다고 했거든요.

그런데 돌아온 메시지는 너무나 뜻 밖이었습니다. 우리 아이들이 좋아하는 음식이 무엇인지 물어보시는 것 있죠? 그래서 우리 아이들은 어리기 때문에 식사장소에 끼지 않을 예정이라고 답을 보냈습니다. 그러자 더 황당한 메시지가 왔습니다. 우리 아이들이 같이 식사를 하지 않으면 식사를 안 하고 강의만 마치고 가시겠다는 겁니다.

세상에 이런 일이! 결국엔 하는 수 없이 우리 아이들이 가장 좋아하는 음식은 짜장면이라고 했습니다. 그랬더니 교수님으로부터 다시 연락이 왔습니다. 그럼 중식이 좋겠다고. 지금은 없어진 것 같지만 결국 '미스터 왕'이라는 식당으로 예약을 했고 교수님을 모시고(우리 아이들도 모시고!) 짜장면을 먹으러 갔습니다.

식당에 들어서자마자 카운터를 보는 여직원이 나비넥타이 차림의 교수님을 알아보더니 반갑게 인사를 건넸습니다. 그러고는 테이블에 모시기도 전에 "혹시 교수님, 사인 부탁드려도 될까요?" 하면서 깍듯이 인사를 드렸습니다. 괜찮다는 말씀에 A4 용지 하나를 꺼내더니 교수님 앞에 내밀었습니다. 교수님은 펜을 꺼내시더니 사인을 하기 시작하셨는데 궁금한 나머지 어깨 너머로 훔쳐 보았습니다.

"인생은 고통스럽지만 아름다운 것이다." – 김동길

그날의 강의는 잘 기억이 나질 않지만 같은 날 제 가슴에 남겨진 울림은 오랫동안 잊혀지지 않을 것 같습니다.

여러 모양으로 복음을 전하다

우리 교회 초대 찬양 인도자 중에는 가수 조하문 씨가 있었습니다. 약 6개월 동안 저희 내외랑 조하문 씨 내외(최수원)가 만나 같이 교회로 이동했던 기억이 있습니다. 1999년도에 조하문 씨를 만나게 되었습니다. 그 무렵 우리 교회의 취지에 대해 설명을 하게 되었는데 그때부터 합류하게 되었습니다.

때로는 가요로 예배를 시작하고 찬양으로 마치는 경우도 있었습니다. 일반 가수가 하는 찬양 인도에 남다른 감동이 있었지만 점심시간에 주변 식당에 가면 조하문 씨를 알아보고 사인을 요청하는 사람이 많았기에 전도하기가 수월했다는 생각이 들었던 것 같습니다.

물론 어색함을 느끼는 교회 가족도 있었습니다. 왜냐하면

'세상 노래'와 '교회 노래'의 간극을 연결시키는 것은 신앙의 타협이라고 볼 수 있으니까요. 그런 의미에서 어떤 분들은 교회에 친숙한 노래만 선호했던 것 같습니다. 결국 그런 영향 때문인지 조하문 씨가 교회에 오래 머물지는 않았습니다.

하지만 그 이후에도 우리 교회가 지향한 찬양 인도자들은 대부분 자신만의 밴드가 있는 친구들이었습니다. 이길승(이길승 밴드), 이진주(이진주 밴드), 김태훈(개인플레이), 장현호(길가는 밴드), 박용권(아쿠스틱 머신) 등. 최근에 한 달에 한 번 간격으로 찬양 인도를 하는 사람 중에는 뮤지컬 배우 최민우도 있는데 이런 사람들의 장점은 단순히 전문성을 너머 대중을 향한 이해력이 있기 때문입니다.

성경 인물 사도 바울이 복음에 친숙하지 않은 이들에게 '여러 모양으로' 복음을 전하고 싶었던 마음처럼(〈고린도전서〉 9:22) 우리 역시 그러한 마음이 교회의 핵심 가치관 중에 하나였습니다. 교회는 시대나 문화적 상황에 맞게 복음을 전해야 하니까요.

거룩한 부담을 드린 것뿐

교회 초창기에 SBS 관현악단장님 김정택 단장님을 모신 적이 있습니다. 그분은 피아노를 반주하며 찬양을 하거나 위로와 응원의 메시지를 주시는 스타일의 명사로 지휘나 노래도 탁월하시지만 성품도 온유하신 유쾌한 마음의 소유자이십니다.

그런데 교회에 방문하신 날 우리 교회는 업라이트 피아노(그것도 아주 저렴한)밖에 없었습니다. 문제는 저도 어디서 그런 용기가 났는지 엉뚱한 멘트를 하게 된 사연이 있습니다. 제가 단장님을 소개하는 멘트 속에 "아마 단장님께서 오늘 마음에 감동이 오시면 열악한 개척 교회에 그랜드 피아노를 사주실 수도 있을 거다"는 식의 말을 했지요. 살짝 농담처럼 웃자고 한 말이기도 했지만 그 정도 분이라면 가능할 수도 있겠다는 기대를 은근히 했었나 봅니다.

하지만 그 멘트가 단장님께는 적지 않은 부담으로 작용했던 것 같습니다. 그러고는 피아노 의자에 앉으신 뒤에 사실 당신은 돈은 없지만 피아노를 기증하시겠다고 약속을 하셨습니다. 몇명 안 되는 교회 가족들은 박수 치며 열광했죠. 얼마 지나지 않아서 실제로 교회에 그랜드 피아노(grand piano)를 보내 주셨습니다.

놀라운 사실은 우리 교회에서 여전히 그 피아노로 새벽마다 반주를 하고 있다는 사실입니다. 몇 사람의 손을 지금까지 거쳐 갔는지 모릅니다. 25년을 넘게 사용했으니까요. 그날 단장님을 당황케 해 드려서 마음 한 구석은 매우 무겁고 죄송하면서 우리 교회가 지금까지 찬양을 하며 예배드릴 수 있도록 마음을 써 주신 것에 감사할 따름입니다.

어떤 사람들은 제가 그날 '삥 뜯었다'는 식으로 말을 합니다. 맞는 말 같기도 합니다. 하지만 엄밀히 말하면 제가 강제로 물건(피아노)을 탈취한 것은 아니니까 삥 뜯었다고 할 수는 없습니다. 그렇지만 부담을 드린 건 분명합니다. 하지만 여전히 저는 거룩한 부담을 드린것뿐이라며 우기고 다닙니다.

다른 교회를
지속 가능케 하는 가치관

차○철 집사님의 도움으로 우리는 《다른 교회》라는 책을 출간할 수 있게 되었습니다. 아마 그 작업은 1년 이상 걸린 것 같습니다. 네 명의 집필진 그리고 다양한 자료들을 찾아주는 역할을 담당한 이○도 목사님이 계셨습니다. 이○도 목사님은 글도 잘 쓰지만 정리가 빠르기도 합니다. 그래서 차 집사님과 손발이 잘 맞는 것 같았습니다.

출간이 된 이후에 강남에서 '다른 교회'라는 이름으로 목회자 세미나를 가진 적도 있었는데 그때 저는 이○도 목사님을 포함해서 강사를 5명으로 제안했습니다. 그래서 그렇게 진행되는 걸로 알고 있었죠. 그런데 세미나가 있는 당일 아침 순서를 확인해보니 아뿔싸, 4명의 강사만 순서지에 나오는 것 아니겠어요?

고개를 갸우뚱하다 곧바로 이○도 목사님에게 확인을 했습니다. 그랬더니 강사가 다섯이나 되면 너무 순서가 많기에 집필진 넷만 강사로 포함시켰다는 말도 안되는 이야기를 전했습니다. 아무런 상의도 없이 그렇게 혼자서 정한 일입니다. 자기는 오히려 뒤로 빠지고 다른 사람을 세워주는 센스쟁이의 모습입니다. 바로 이런 모습이야말로 진정한 다른 교회를 지속 가능케 하는 가치관이라고 봅니다.

바통 터치를 할 순간

저는 초등학교 시절 육상부에서 100미터 달리기를 했는데 가끔은 400미터 계주를 할 때가 있었습니다. 그럴 때마다 '바통 터치'를 하기 때문에 코치는 바통 터치의 요령을 강조했던 기억이 납니다. 그런데 이제 와서 생각해 보니 그동안 수많은 바통 터치의 순간들이 있었고 그 일을 잘해야 된다는 깨달음이 생겼습니다.

저는 현재 교회에서 바로 그런 위치에 있다고 믿고 바통 터치를 할 수 있어서 감사할 따름입니다. 그러고 보면 예수님도 제자들을 믿고 바통 터치를 하신 셈입니다. 그만큼 신뢰할 수 있고 믿을 수 있는 동역자들이 있다는 것은 감사한 일입니다.

코로나 때 격리를 한 적이 있습니다. 그때 집사님 한 분이 쉑쉑 버거가 생겼다며 사오겠다는 이야길 하셨습니다. 그래서 옆

동네에 사는 써니 목사님한테 연락했습니다. 쉑쉑이 생겼다는 소식을 들었다고 하니 알고 있었다고 합니다. 그래서 왜 그런 고급 정보를 나한테 진작에 알려주지 않았냐고 따졌습니다. 그랬더니 두뇌 회전이 빠른 써니 목사님이 말합니다.

"그런 거 알려줘봤자 어차피 격리 중이시니 밖에 나갈 수도 없고 갈 수 있다고 해도 목사님이 피곤해지잖아요."

배려 차원에서 일부러 안 알려줬다는 말이거든요. 아무튼, 말도 참 잘 지어냅니다. 그래서 제가 또 쏘아 붙였습니다.

"아니, 그게 아니라, 써니가 대신 가서 사다줄 수도 있는 거잖아?"

그랬더니 역시 써니 목사님다운 답이 옵니다.

"그럼 제가 피곤해지잖아요!"

교회는 내가 피곤해져야 합니다

교회는, 내가 피곤해져야 합니다. 조금은 불편 해져야 합니다. 그래야 일이 진행될 수있거든요. 지금까지 보니까 그렇더라구요. 희생하는 사람이 있어야 교회는 비로소 역동적일 수 있습니다. 내가 불편해지기 싫고 내가 피곤해지기 싫다면 그것은 400미터 계주를 바통 체인지 없이 끝까지 혼자만 레이스를 달리고 말겠다는 말이나 다름없는 셈입니다.

문제는 그렇게 달리면 결국 퇴장입니다. 아무리 빠르게 혼자 질주를 해도 상은 못 받습니다. 그러면 혼자만의 문제가 아니라 결국은 팀 전체가 손해 보기 마련입니다.

제가 두 번째 격리를 하게 되었습니다. 앞이 캄캄하기만 했습니다. 두 주를 집 안에서 나오지 못한다는 생각은 끔찍하기 짝이 없었습니다. 두 번 다시 하기 싫었던 격리를 또다시 해야 된다는 마음에 우울해지기 시작했습니다.

그런데요, 그때 써니 목사님한테서 연락이 왔습니다. 제가 격리에 들어간 걸 알았나 봅니다. "쉑쉑 사드릴까요?"라고 하는 말에 깜짝 놀랐습니다. 그날 저는 하나님의 가능성을 보았습니다. '써니 목사님도 바뀔 수 있구나'라고 말입니다. 문제는 제가 멋 적어서 괜찮다고 했더니 진짜로 안 사주었습니다. 왜요? 피곤해지기 싫으니까요. 귀찮으니까요. 그래도 저는 약간의 가능성을 그날 보았습니다.

3
부

즐거운 나의집

우리 가족 이야기

있어도 그만, 없어도 그만인 그놈의 양탄자

교회에는 찾아보면 다양한 재능을 갖고 계신 분들이 적지 않습니다. 노래 잘하는 분, 꽃꽂이에 관심 있는 분, 커피에 진심인 분, 등등 말이죠.

그런데 우리 교회에는 연기에 뛰어난 분들도 계셔서 스킷 드라마를 종종 했습니다. 물론 큰 무대에 경험이 있는 분들은 아니었지만 제가 보기엔 수준급이었습니다. 관중들을 들었다 놓았다 반복할 실력이면 수준급 맞죠.

한 번은 무대 위에 소품 중에 양탄자가 있으면 좋겠다는 말이 있어서 기획자에게 제가 하나 갖고 오겠다고 했습니다. 마침 집에 선물 받은 게 하나 있어서 생각이 났거든요. 집에 가서 아내에게 말했더니 어머님이 선물해 주신 양탄자라면서 고가의 양퇸자다시 갖고 가서 발라는 겁니다. 수백만 원 하는 양탄자라고 말입니다. 그래서 참다못해 한마디 하고 말았습니다.

"목사 집에 수백만 원 하는 양탄자가 있으면 뭐하냐고?"

"게다가 교회에서 필요하다는데 그거 한 번 쓴다고 해서 그놈의 양탄자에 무슨 문제가 생기기라도 하겠냐고?"

"그게 그 정도 가치가 있는 물건이기 때문에 쓸 수 없다면 차라리 갖다 내버리는 게 좋겠다고!"

협박 아닌 협박까지 했던 기억이 납니다. 결국 제가 져주기로(?)한 것 같습니다. 현명한 양보라고 할까요? 그런데 진짜 웃기는 현상이 있습니다. 우리 집에 그 양탄자는 아직 잘 있습니다.

그런데 그놈의 양탄자 돌돌 말린 상태로 십수 년이 넘도록 늘 그 자리에 잘 있기에 별 쓸모없는 고급 양탄자로 먼지만 쌓이고 있습니다. 그놈의 양탄자 있어도 그만 없어도 그만인 셈인데 교회 무대에 한 번도 못 올라왔네요. 양탄자는 밟히라고 만들어진 게 양탄자인데 늘 집 구석에 쓸쓸하게 돌돌 말려 있는 모습이 초라하기 그지없습니다. 모든 물건은 자신의 역할이 있는 법인데.

카페 문을 닫고 마음의 문도 닫다

카페를 오픈하고 싶었던 적이 있습니다. 돈을 벌겠다는 의도가 아예 없지 않았지만 그냥 저와 어울릴 것 같았습니다. 대단한 욕심을 갖고 시작하려고 한 일은 아니었습니다. 물론 잘되면 교회에서 월급을 받지 않고 카페에서 얻어지는 수입으로 먹고 살면 좋겠다는 생각도 했습니다.

게다가 타이밍과도 연관이 없지 않았던 것이 동네에서 봐 두었던 공간이 매물로 나왔고 가격도 착했고 제가 보기에는 목이 대단하지 않아도 동네 카페로는 안성맞춤 같았습니다. 편하게 사람들을 만나거나 상담할 공간으로서 적절한 공간이 카페 같았고 이왕이면 집에서 가까운 곳에 위치에 있으면 좋겠다고 생각했습니다.

결국 건물주와 계약을 했고 보증금도 보냈습니다. 저는 카페 사장이나 다름 없었죠. 사실 그 당시에 우리 어머님도 카페를 운영하고 계셨기에 거기에서 파이나 빵 같은 베이커리 아이템도 갖고 올 수도 있겠다고 생각했습니다.

문제는 찬성이나 찬양은커녕 아내의 차디찬 반응에 맞닥뜨렸습니다. 정확히는 몰라도 마음에 동의가 되지 않는다는 것이 가장 큰 이유였던 것 같았습니다. 하지만 아내의 동의 없이 찜찜하게 시작하고 싶지는 않았습니다. 그래도 포기하고 싶지 않은 마음에 설득을 해봤지만 매번 벽을 보고 말하는 것 같았습니다.

대화의 문이 닫히니 아예 편지를 다섯 차례나 쓴 것 같습니다. 누가 보면 웃을 일이죠. 한번은 아내가 참다못해 "하려면 해!"라고 한 것 같지만 동의하는 어조는 분명 아니었습니다. 어찌 보면 작은 일인데 이 사건은 결국 서로에게 상처만 남기게 되었고 집안 분위기도 썰렁했습니다.

서로 말수가 줄기 시작했고 침묵의 시간이 제법 흐르고 흘러 서로의 마음이 좀처럼 열리지 않았고 저도 미운 감정이 쉽세 사라지지 않았습니다. 그때 상담을 받아야 했는데 자존심이 허락하지 않았는지 교회 일이 바빴는지 정확히 기억이 나질 않습니다.

아내는 장모님께 여쭈어봤지만 장모님도 반대 하신다고만 했고 오히려 저의 각오를 일찍이 꺾어야 된다고 조언해 주셨다고 했습니다. 장모님이 카페에 투자를 하시는 것도 아니었고 저랑 카페에 대해 한 번도 대화를 나누신 적도 없었던 차라 저의 생각과는 아랑곳없이 말씀하신 부분에 제 감정이 묘하게 반응했습니다. 차라리 저를, 그리고 제 마음을 이해하는 사람 한두 명만 만났더라면 다른 반응을 보일 사람도 충분히 있었을 법 했습니다.

그래서 아내에게 투덜거렸습니다. 불법적인 일도 아니고, 빚을 내서 하는 일도 아니고, 그냥 하고 싶어서 하는 일이라고. 하지만 아내는 이해하려 들지 않았고 제 편지에 대한 답장도 없어서 계획을 접기로 했습니다. 그렇게 카페를 열기도 전에 닫아버리고 말았습니다.

목사도 똑같은 사람이니까요

카페를 열고 닫는 문제를 넘어 제 마음의 문도 닫힌 것 같아 괴로워했던 기억이 있습니다. 남들에게는 대수롭지 않은 일이겠지만 저에게는 적지 않은 사건이었습니다. 이 이야기를 굳이 하는 이유는 우리 가정이 늘 평탄하거나 완전하기보다는 위태로울 때도 있었다는 말을 하고 싶었습니다. 남들 보기에 설교를 그럴듯하게 해도 입으로만 설교할 때가 많았습니다. 사건을 지혜롭게 극복하지 못한 저의 미성숙함을 두고두고 반성해야 될 것 같습니다.

그렇습니다. 목사 집안도 티격태격하는 경우가 종종 있습니다. 똑같은 사람이니까요. 저는 호기심도 많고 교회에 다니지 않는 사람들을 위한 접촉점을 꿈꾸었던 것 같습니다. 게다가 그 당시에 만나게 된 건축 소장님이 건축 자재물은 몽땅 줄 수 있다는 제안까지 해주었습니다. 마지막 관문이 있었다면 아내에게 말하는 일이었습니다. 그렇게 크게 반대할 일도 아니라고 생각했습니다. 하지만 아내의 반응은 의외였고, 막무가내였습니다.

문제는 저도 한 성격 하는 타입이라 쉽게 물러서지 않았습니다. 게다가 저는 어머니도 카페를 운영하시던 차라, 나름 자신감도 있었습니다. 그런 저를 보고 아내는 이해할 수 없다는 식으로 다그쳤습니다. 그래서 저는 신학적 근거까지 들추어 가며 설득하려 들었습니다. "예수님이 오늘날 살아 계신다면 청바지를 입으셨을 것이다. 그리고 사람들과 어울리기를 좋아하셨고 먹고 마시기를 좋아하셨으니 오늘날 우리 사회에서 생활을 하셨다면 커피를 좋아하셨을 것 같고 어쩌면 카페 사장님이 되셨을 가능성도 크다"는 식으로 설명했습니다.

하지만 그런 설득이 아내에게 먹힐 일이 없죠. 제 마음을 몰라주는 아내에게 섭섭하기만 했습니다.

며칠 뒤에 아내가 출장이 있다면서 일본으로 훌쩍 떠났습니다. 제 마음이 너무 답답하고 힘들어 다음과 같은 문자를 보내려다 참았습니다.

"일본에서 영영 돌아오지 않았으면 좋겠다."

결국 카페는 포기했지만 여전히 마음 한구석에 아쉬움은 남았습니다. 우리는 이 세상 살아가면서 상처로부터 완전히 자유로울 수 없습니다. 진정한 치유는 하나님으로부터 오는 것 같습니다. 거기에서만 자유를 찾을 수 있는 것 같고 저도 여전히 그 치유와 자유를 조금씩 찾아가는 연습을 하고 있습니다.

놀고 있네

저는 아침형 인간입니다. 그러다 보니 아침을 챙겨 먹는 편입니다. 아내보다는 먼저 일어나는 편이라서 아침은 혼자 알아서 해결할 때가 많습니다.

얼마 전 일입니다. 아침에 일어난 아내가 제가 아직 밥을 안 먹은 걸 눈치챘나 봅니다.

"아침 먹는 거는 어떻게 할까?"

그날따라 제가 아침 식사가 늦어졌나 봅니다. 그래서 말했습니다.

"거기까진 아직 생각 안 했는데."

놀란 표정으로 저를 보면서 그다음 질문을 합니다.

"웬일로 자기가 아침 먹을 생각을 안 해?"

순간적으로 절호의 기회라는 생각이 들었습니다.

"난 자기만 생각하니까."

속으로 참 잘했지 싶었습니다. 그러고는 아내의 칭찬을 기다리고 있었습니다. 그런데 기대와는 달리 아내는 써늘한 눈빛으로 저를 바라보면서 딱 한 마디만 던지고 돌아서 버렸습니다.

"놀고 있네."

하지만 저는 봤습니다. 싫어하지 않는 눈치 같았습니다. 오늘은 잘한 듯싶었습니다. 사랑은 표현되어질 때 사랑이라고 하지 않던가요? 기회만 있으면 어떡하든 표현을 해야만 됩니다. 아니 가급적이면 기회를 만들어야 합니다. 욕 먹을 걸 각오하고 표현하는 겁니다. 절대 손해 보지는 않을 겁니다. 제가 경험해 봤기 때문에 조금은 알거든요.

아내 말을
왜 들었는지...

교회에서 그동안 가장 많이 했던 일은 결혼 주례와 장례 인도입니다. 물론 교회 안에는 다른 일도 있기 마련이지만 결혼과 장례는 언제나 있기 마련이니까요. 주례는 마음을 흐뭇하게 하는가 하면 장례는 다소 무겁게 합니다. 사람 사는 세상이니까 사실 어쩔 수 없는 일입니다.

그런데 장례도 사뭇 다를 때가 있습니다. 때로는 마음이 무너질 것 같기도 합니다. 하지만 가족을 위로하는 입장에서는 이것저것 참을 때가 더러 있을 수밖에요.

한번은 둘째 아들이 교통 사고로 세상을 떠났다는 이야길 듣고 단숨에 집으로 찾아갔습니다. 집에 들어서자 마자 집사님은 바닥에 주저 앉으시고는 통곡을 하기 시작했습니다. 갑자기 아들을 잃은 엄마의 마음을 위로해 드릴 길이 없었습니다. 그냥 바닥에 같이 주저 앉아 울기만 했습니다. 그렇게 시간이 얼마나 지났는지도 잘 기억이 나질 않습니다.

알고 보니 아들의 죽음도 마음 아픈 일이지만 외국에서 사고로 죽게 된 상황 이어서 다음 날 출국을 하신다는 설명을 하셨습니다. 그래서 대략 비행기 시간을 알아 보고 그 부부 모르게 나도 그냥 비행기표를 예매해서 장례식에 가야겠다는 생각을 했습니다. 그 먼 외국까지 교회 가족들이 갈 수 있는 상황이 아니니까요.

그런데 집에 와서 그 말을 아내한테 했더니 깜짝 놀래는 눈치였습니다. 요약하면 왜 그렇게 까지 해야 되냐는 이야기였습니다. 목회자의 마음을 아내가 알아줄 수 있겠습니까? 하지만 저에겐 중요한 일이었습니다. 그리고 하루만 다녀오겠다는 말을 했고 공식적인 출장도 아니기에 교회에 비용을 청구할 예정도 아니고 그냥 제 개인 돈으로 다녀오겠다고 했습니다.

아내가 제가 '오비'한다는 식으로 몰아붙여서 결국 아내의 말을 듣기로 정했습니다. 하지만 지금 생각해보면 제 목회 인생에 가장 후회가 막심한 결정 중에 하나입니다. 시간만 되돌릴 수 있다면 그 장례식은 무슨 일이 있어도 다녀올 것 같습니다. 만사를 제쳐 놓고 말입니다.

아빠,
나 교회 가기 싫어!

초딩 3학년 딸이 갑자기 말했습니다.

"아빠, 나 교회 가기 싫어!"

그 순간 머리가 복잡해지기 시작했습니다. 이걸 어떻게 수습해야 하나, 교회에서 누구랑 싸웠나 싶었습니다. 하지만 이 일은 하루아침의 일이 아니라 오랜 고민 끝에 그렇게 이야기하는 것 같았습니다. 난감하기 짝이 없죠.

그 이야기 들어보셨는지 모르겠습니다. 70대 어머니가 40대 아들을 깨웠다고 합니다.

"아들, 교회 가야지."

그렇지만 40대 아들이 눈을 비비며 사정합니다.

"엄마, 조금만 더 눈 붙였다가 일어날게요. 너무 피곤해서

요."

들은 척 만 척 어머니는 아들을 흔들며 깨웁니다. "늦기 전에 빨리 일어나서 준비하자~ 아들" 하며 아들을 가만히 두지 않습니다. 아들은 주말인데 제발 좀 쉬면 안되겠냐고 아우성입니다. 그래도 어머님은 아랑곳하지 않습니다. 아들이 이제 짜증이 났는지 어머님에게 투정을 부립니다.

"엄마, 도대체 내가 왜 지금 일어나서 교회를 가야 되는데요?"

"그것도 몰러? 니가 교회 담임 목사니까, 인석아."

"쓸데 없는 말 그만 하고, 얼른 일어나그라!"

이 상황이 약간 우리 집 상황 같기도 합니다. 물론 저도 이야기 속의 담임 목사님 심정이 이해가 안 가는 건 아닙니다. 그런데 저의 경우는 우리 막내 아이가 교회 가기 싫다고 하는 상황이 몇 년을 이어졌던 것입니다. 목사 딸이 교회 가기 싫다는 걸 교회에는 어떻게 설명을 하냐고요?

교회 가기 싫은 목사 딸을 변화시킨 비결

아이는 딱히 은둔형도 아닙니다. 하지만 내 생각에 아이에게 교회는 그냥 노잼이었던 것 같습니다. 아이는 그래서 일요일 아침을 가장 괴로워했습니다. 학교를 가기 싫다는 말은 한 기억이 없는데 교회 가기 싫다는 말은 얼마나 많이 했는지 모를 정도입니다. 아이는 일요일만 힘들어하는 게 아니라 토요일부터 이미 힘들어하고 있었습니다.

문제는 아빠인 내가 목사인 것을 아는 딸은 더 답답했나 봅니다. 이러지도 저러지도 못하는 상황이니까요. 나름 아빠를 배려해주기 위해 교회를 억지로 '가주는 것' 같기도 했으니까요. 사실은 목사 가정에 얼마든지 있을 수 있는 일입니다. 목회자 가정에는 대부분 주말도 없고 여행도 없으니까 아이들 마음도 이해가 됩니다. 친구들이랑 놀러 가고 싶어도 그것마저 아이들은 포기합니다.

숙제만 같았던 이 상황이 얼마 전에 바뀌기 시작했습니다. 제 기억에는 어느 목요일이었는데 뜬금 없이 교회가 기다려진다는 말을 하는 것이었습니다. '이 뭐꼬?' 싶었습니다. 갑작스러운 말에 조심스레 자초지종을 물어보았더니 선생님이 답이었습니다. 좋은 교회 학교 선생님을 만났던 것입니다. 세상에 이런 일이! 그 순간 우리 교회 학교 선생님들이 너무나 귀하게 느껴졌습니다. 물론 평소에도 귀하게 느껴졌지만 교회를 안 가겠다던 초딩 목사 딸이 갑자기 교회에 가고 싶다고 하니 마음이 짠할 수밖에 없었지요.

가족의 도움과 희생 없이 목회는 불가능하다

목회자 가정에는 딱히 주말이 없습니다. 아니, 주말은 있지만 주말에 남들처럼 아이들을 데리고 산과 바다로 놀러 다닐 수 있는 형편이 못 됩니다. 그래서 대부분의 목회자들은 월요일에 쉽니다. 그런데 또 월요일이 되면 아이들은 등교를 합니다. 물론 일하는 아내들도 있습니다. 그러니 사실 가족과 함께할 수 있는 시간을 확보하기란 쉽지 않습니다.

때때로 목회자 자녀들에게 어려움이 생기는 이유, 혹은 신앙까지 저버리는 이유가 여기에 있는 것 같습니다. 아빠나 엄마는 교회나 사역에 몸과 마음을 바치느라 가정에 소홀히 할 수 있기 마련입니다. 그렇다고 교회에서 휴가다운 휴가를 가질 수 있는 것도 아닙니다. 담임 목사라면 그나마 조금 더 수월할 수 있어도 그렇지 않을 경우 아무런 자유가 없습니다. 말 그대로 하인입니다. 그렇지만 불평하는 목사는 없습니다. 그 일을 위해 헌신 하기로 작정했으니까요.

문제는 가족이 희생되는 경우가 많은 것 같습니다. 그래서인지 저 역시 가족에게 늘 미안하고 고마운 마음입니다. 가족이 없이, 가족의 도움과 희생 없이 어찌 목회를 혼자서 할 수 있겠습니까? 그것은 불가능한 일입니다. 가족의 이해가 있기에 사역도 할 수 있죠.

그래서 제가 교회에서 가장 고맙게 생각하는 분들은 아내를 챙겨주시는 여자 성도님들입니다. 이분들은 아내 입장을 아시는 것 같습니다. 대단한 것이 아니더라도 그분들이 아내의 손을 잡아주고 토닥여 줄 때가 참으로 감사했습니다. 제 마음을 알아주는 것 같았다고 할까요?

가끔은 실수하는 재미로 산다

아이들이랑 제주도 여행을 가게 되었는데 아내가 제주도를 갈 때마다 들르는 서귀포 카페가 있습니다. 볼스(Vols) 카페라고 주인장 부부가 운영하는 카페인데 빵도 너무 맛있는 카페입니다. 다섯 명이 들어 갔는데 제 음료를 주문만 하고 화장실을 잠깐 갔습니다. 화장실에서 나와서 카운터 쪽으로 가니까 음료 다섯 잔이 준비되어 있길래 쟁반을 들고 우리 자리를 찾고 있었습니다.

그때 갑자기 30대 남자가 내 앞에 다가 오더니 "디스 이스 마인(this is mine)!" 하면서 쟁반을 빼앗아가는 겁니다. 그래서 아내한테 확인해보니 그쪽도 다섯 명인데 제가 착각을 했던 겁니다. 저는 우리 음료가 나온 줄 알았던거죠. 상대방 손님이 먼저 저에게 영어를 써서 그랬는지 나도 모르게 영어가 튀어나왔습니다.

"아이 엠 소리(I am sorry)!"

그리고 조금 뒤에 우리 음료가 나왔습니다. 우리 자리로 가려고 하던 찰나에 똑같은 아저씨가 자신의 테이블에 앉아 있는 동료들에게 하는 말이 들렸습니다.

"야, 어느 외국 사람이 우리 꺼 가져가려고 했어."

제가 실수로 가로채 가려고 하는 음료를 본인이 빼앗기지 않고 애써 찾아왔다는 듯이 자랑했습니다. 그 손님들이 있는 자리로 가서 한국말로 정중하게 사과하고 외국인은 아니라고 설명하려다가 꾹 참았습니다.

그런데 가끔은 이렇게 실수하는 재미로 삽니다. 그래서일까요? 평소에 실수하는 사람을 좋아하는 편입니다. 그래야 인간미 있으니까요.

양해해주시길
부탁드립니다

최근에 아들이 결혼을 했지만 교회에 알리지는 못했습니다. 알리기에는 불편했던 것 같습니다. 축하는 받고 싶었어도 부담은 드리고 싶지 않았습니다. 그리고 나중에라도 제 마음을 이해해 주실 것이라고 짐작했습니다. 작은 예식이기도 했고 위치도 멀고, 교회에 광고하는 것은 제 마음이 허락하지 않았습니다. 아내에게나 아들에게도 그렇게 설명을 했습니다.

성도님들께 초대를 드리지 못해 죄송하다는 마음을 이제야 밝혀봅니다. 아쉽지만 때로는 모든 걸 공유할 수 없으니까요. 그냥 어릴 때부터 아이들을 사랑해주신 몇 가정만 연락을 드렸습니다. 교회 가족의 자녀들에 대한 결혼 안내나 광고는 기꺼이 했지만 정작 우리 자녀들만큼은 안내드리지 못한 점, 모두 널리 이해해주시고 양해해주시기를 간곡히 부탁드립니다.

감사했던 일은 30년 전에 결혼한 저희 부부의 주례를 맡아 주신 아버지가 이번에는 손자의 결혼에 주례를 해주셨다는 것입니다. 부디 오래 건강하셔서 우리 딸들 주례도 해주시면 좋겠습니다.

제가 이런 죄인입니다

사람들은 죄의 문제를 어떻게 할 수 없습니다. 그래서 죄책감에 시달리기도 하고 거기서 영영 헤어나지 못하는 경우도 많습니다. 그렇다고 내가 지은 죄를 카펫 밑으로 쓸어 넣을 수 있는 문제도 아닙니다. 외면한다고 없어질 일이 아니니까요.

이렇게 복잡한 죄의 문제 가운데 있는 우리에게 하나님은 방법을 알려주십니다. 그렇게 죄의 짐을 담당해주시니 이보다 더 큰 선물이 세상에 어디 있겠습니까?

하지만 중요한 것은 내가 죄인임을 인정하는 것이 시작입니다. 알콜 중독자들의 AA(Alcoholics Anonymous) 모임과도 똑같습니다. "나는 아무개이며, 나는 알콜 중독자입니다"라는 고백이 바로 치유와 회복의 시작이기 때문입니다.

어느 목사님은 설교 길이가 15분을 넘지 않으십니다. 〈테드 톡스(TED Talks: Discover ideas worth spreading)〉 강연이나 〈세바시(세상을 바꾸는 시간)〉도 아닌데, 늘 15분입니다. 하루는 그분에 대해서 우리 형이 저에게 그래요.

"그 사람은 어떻게 그게 가능하냐?"

그래서 제가 방법은 있다고 알려주었습니다. 예전에 미국에 사는 누나가 집에 큰 개를 두 마리 키운 적이 있는데 걸핏하면 짖었습니다. 이웃들이 좋아할 리 없죠. 특히 이웃 중에 야간에 일하고 낮에 집에 와서 자는 사람이 있었습니다. 그 집 아저씨는 하루가 멀다고 찾아옵니다. 개를 좀 어떻게 해 달라는 거죠.

몇 번이나 그런 경험을 한 끝에 누나가 방법을 찾았습니다. 미국에는 개목걸이를 팔더군요. 리모컨도 딸려옵니다. 인터넷에도 판매하는 상품인데, 개목걸이에 전기 충격을 주는 겁니다. 강도도 다르게 할 수 있습니다. 짖을 때마다 리모컨을 작동하면 됩니다. 그렇게 횟수를 거듭하다 보면 짖으면 목이 아프니까 어느 순간부터 짖으려 하다가 짖기를 포기해 버립니다. 동물애호가들이 싫어하는 상품이긴 하지만 기발한 발명품이긴 합니다.

그래서 제가 형에게 친절하게 알려줬죠.

"형, 방법이 없는 게 아냐. 15분 설교도 충분히 가능해."

그리면서 고급정보들(전기 쇼크 개목걸이) 조심스럽게 흘립니다. 개목걸이를 하나 인터넷에서 주문해서 일요일 아침마다 형 목에 매달고 있다가 맨 앞줄에 앉아 있는 집사님이나 장로님에게 사전에 부탁드려서 리모컨을 갖고 있다가 15분 지날 때 '지지직~' 누르면 설교를 일찍 끝낼 수 있다고 말입니다. 원하면 15분 전에도 끝낼 수 있다고 했습니다.

저는 최대한 친절하게 설명을 했는데 이상하죠? 그 뒤로 6개월이 넘도록 형한테 연락이 없더라고요. 톡을 보내도 반응이 없었습니다. 제가 이런 죄인입니다.

다름이 부족한 면을 채운다

부모님은 오래전에 국제 결혼을 하셨는데 아버지는 목회자로, 그리고 어머님은 선교사로 줄곧 활동해오셨습니다. 제가 목회를 하는 데에는 두 분의 영향이 있다는 것을 저는 너무나 잘 알고 있습니다. 한편으로는 저에게 목회자적인 소명도 있지만 선교사적인 소명도 있는 것 같습니다.

목회자적인 사명감은 교회 안에 있는 양떼를 돌보게 하는 사명이라면 선교사적인 사명감은 교회 안에만 머물기보다 밖에서 방황하는 한 마리 양을 향하는 마음이라고 할 수 있겠습니다. 사실 교회에는 이 두 가지 사명이 같이 존재 해야 건강한 교회라 하겠습니다. 다시 말해, 늘 이 두 가지 부분에서 일종의 긴장감이 있어야 합니다.

우리 교회를 향한 저의 마음이 늘 그랬던 것 같습니다. 물론 교회 안에 이미 들어와 있는 교회 구성원은 목사가 교회 밖에 있는 사람들을 향하는 마음이 더 큰 것처럼 느껴질 때 소외감을 호소할 수도 있겠습니다.

그런데 교회는 늘 밖을 향하는 마음이 있어야 합니다. 그래서 순교자 본회퍼가 강조한 것 아니겠습니까? "교회만을 위한 교회는 교회가 아니다"라고 말이죠.

부모님의 국제 결혼은 서로 다른 면이 많이 있기는 합니다. 하지만 그게 자연스러운 것이고 또 상호 보완적인 기능이 그 안에 있기 마련입니다. 서로 다를 수는 있지만 오히려 그 다름이 부족을 채워줄 때가 많습니다. 교회도 그런 것 같습니다. 한쪽으로만 치우치기보다 목회의 가치와 선교의 가치가 동시에 존재할 때 균형과 교회나움을 회복할 수 있기 때문입니다.

오토바이와의 작별 인사

정월 초하루가 되면 아이 셋 데리고 할머니, 할아버지께 세배를 드리러갈 때가 있습니다. 아이들은 세뱃돈 받으면 너무 좋아하죠. 할머니 할아버지를 뵈러 가는 건지 용돈을 받으러 가는 건지 모르겠지만 운전을 한참 동안 해서 가는 거리여도 아이들은 상관하지 않았습니다. 얼씨구 좋구나 절씨구 좋구나 노래하면서 갔으니까요.

한번은 그렇게 세배를 마치고 인사 드리고 아이들은 엄마 따라 차에 먼저 올라 탔습니다. 나는 아버지께 인사를 드리고 문을 닫으려고 했는데 아버지께서 "잠깐만!" 하시더니 "너 오토바이 탄다며?" 하시길래 깜짝 놀랬습니다. 거짓말을 할까 잠깐 망설였지만, 그것도 이상할 것 같았습니다. 그냥 최대한 당황스러운 표정을 감추려 하면서 속으로는 "어떻게 아셨지?"라는 생각만 맴돌았습니다. 세상에 비밀이란 없기는 없는가 봅니다.

그러더니 "잠깐만 기다려!" 하시고는 안방으로 사라지셨습니다. 나는 회초리라도 가지러 가시는 건가 싶었습니다. 웬걸? 아버지가 손에 들고 나온 물건은 갈색 가죽 잠바였습니다. 그 가죽 잠바를 건네주시면서, "오토바이 탈 때 이거 입고 타~" 하시는 것 아니겠어요? 정말 놀랐습니다.

웬만한 부모 같으면 야단만 딥다 쳤을 것 같습니다. "너 죽고 싶어 환장했냐?"라고 말이죠. 그런데 그런 꾸짖음은 한 마디도 없으셨기에 더 놀랍기만 했습니다. '이런 것이 아버지 사랑인가?' 싶기도 했습니다.

그런데 그 이후로 오토바이를 오래 타지 않았습니다. 아마 "타지 마!" 하며 재촉하셨더라면 반항심 내지는 오기로(?) 더 탔을 수도 있었을 법 합니나. 오히려 그런 말씀은 하나도 안 하시니까, 마음에 더 쓰였다고 할까요? 지금 와서 생각해보면 아버지의 전략이었을 수도 있습니다. 그만 타게 만드는 전략 말입니다

물론 가죽 잠바를 좋아하시는 타입은 아니십니다. 저에게 주신 잠바도 아마 누군가에게 선물 받은 잠바가 옷장에서 먼지만

쌓이고 있었을 확률이 높습니다. 말하자면 타이밍이 맞아 떨어진 거죠. 그 덕에 저는 가죽 잠바 하나 얻었고요, 아직도 입고 다닙니다. 버리질 못하겠더라구요. 그 잠바를 입을 때마다 아버지 사랑이 묻어나서 버릴 수 없나 봅니다.

저는 아버지만 아시는 줄 알았더니 우리 교회 집사님들도 제가 바이커라는 사실을 알고 있었습니다. 그중에 차 집사님은 몹시 염려가 되셨나 봅니다. 만날 때마다 하시는 말씀이 있었거든요.

"요한 목사, 오토바이 너무 오래 타지 마요~"

그런데 마치 온 교인이 저에게 외치는 소리 같았습니다. 그래서 속으로 '내가 온 교회를 염려하게 만들고 있구나' 하면서 오토바이와는 작별 인사를 하게 된 것 같습니다. 그러고는 그 뒤로 외발 자전거로 취미를 바꾸었습니다. 믿거나 말거나 외발은 오토바이보다 더 재미 있고 안전한 것 같습니다.

수원 깍쟁이의 야박한 점수

어느 장로님 내외분이랑 저와 아버지, 네 명이 점심을 같이 했습니다. 그런데 식사 중에 장로님께서 아버지에게 질문을 던집니다.

"목사님, 목사님은 며느님을 어떻게 평가하시나요?"

아니, 제가 있는 자리에게 어떻게 그런 질문을 하실 수 있을까요? 아마 장로님은 칭찬을 기대하셨겠죠. 장로님의 질문에도 적지 않은 충격을 받았지만 우리 아버지의 대답에 저는 까무러치는 줄만 알았습니다. 평소에 그런 질문을 받게 된다면 웬만한 사람 같으면 "우리 며느리는 이런 건 참 잘하는데, 이런 부분은 약간 부족합니다" 뭐 그런 식으로 대답하지 않을까요? 아버지의 대답은 분명했습니다. "60점?"이라고 하셨습니다.

아니 어떻게 점수를 줄 수 있나요? 실은 아버지의 대답에 약간 실망했습니다. 왜냐하면 그래도 아들이랑 30년을 살아준 사람인데 그것만으로도 90점 이상은 받을 자격이 있는 것 아닐까요?

집에 가는 내내 생각했습니다. 문제는 이걸 집에 가서 말해줘야 할지 아니면 침묵을 지키는 편이 더 지혜로운 건지였지요.

하지만 결국 아내도 아버지의 생각을 알아야 할 권리가 있다고 생각했습니다. 좋아할 리 없지만요. 그래서 결국에 말해버리고 말았습니다. 예상했던 것처럼 썩 좋아하는 느낌은 아니었지만 마치 알고 있다는 듯이 반응했습니다. 그렇게 놀라지는 않아서 다행이라고 할까요? 아버지가 '수원 깍쟁이'라는 건 알고 있었지만 며느리 평가에 그렇게 박하신 줄 몰랐습니다.

그래서 저는 나름 아내에게 위로가 될지 싶어서 아내도 일방적으로 평가를 받고 있지 말고 시아버지를 평가하라고 했습니다. 그러고는 흰색 메모지를 하나 내밀었습니다. 거기에 숫자 61을 적어드리라고. "시아버님께 드리는 선물 – 61" 이렇게 말입니다. 시아버님은 1점 더 많이 점수를 드리라고 했죠. 물론 재미로 한 말이었습니다.

그런데 문제의 장로님(?)께서 질문을 한 번 더 하셨습니다.

"그럼 큰 며느님은요?"

아버님은 잠시 생각에 잠긴 듯하더니 결국 대답을 하셨습니다.

"걔도 똑같애."

두 며느리 모두 60점을 받고 말았습니다. 아버지는 일하는 여성에 대해서 그렇게 긍정적이지 않으시다는 것을 저도 알고는 있었습니다. 일상이 바쁘다 보니 연로하신 부모님을 찾아뵙는 일도 흔치 않으니 약간의 불만이 있으셨나 봅니다. 요즘 일하지 않는 여성이 또 얼마나 많이 있습니까? 저의 아내도 그렇고 형수님도 마찬가지입니다. 그런데 아버지가 갖고 있는 평소의 기대치는 조금 달랐던 것 같습니다. 그러니 만족하실 리가 있나요. 오히려 60점 이하를 주시지 않은 것으로 감사해야죠.

이런 상황을 우리 교회 김○기 집사님께 말씀드렸더니 집사님은 그리셨습니다.

"아마 만점이 70점이었을 거예요."

역시 경제학 교수님이신지라 계산이 탁월하신 분입니다.

그러던 와중에 부모님을 만날 일이 있어 수원 집에 방문했습니다. 때마침 형수님도 계셨기에 아버지가 하신 말을 일러 바쳤습니다. 왜냐하면 우리 아내만 당할 수는 없잖아요? 그래서 형수님도 아버지가 60점을 주었다고 했더니, 형수님도 그렇게 놀라는 표정은 아니더군요. 이미 알고 있다는 눈치였습니다. 그런데 엄마가 옆에 계셔서 엄마한테도 여쭙고 싶었습니다. 다행히도 엄마는 90점이라는 점수를 주셨습니다. 이제 평균치를 75점으로 끌어올렸거든요.

나중에 집사님 한 분이 그 이야기를 들으시더니 장로님에 대한 질문을 저에게 물으셨습니다. 그분들 집안 사정은 잘 몰라도 그쪽 집안의 며느리들 상황이 만만치 않을 수 있다는 짐작이셨습니다. 그래서 저도 '우리 집 사정은 과연 다를까?'라는 궁금증이 있었을 것 같다고 말이죠. 그런 차원에서 아버지가 며느리들에게 주신 낮은 등급의 점수는 오히려 현명한 답이었다고 덧붙이셨습니다.

양로원 같은 곳에서 어르신들이 가장 많이 다투는 이유도 "우리 사위 어느 대학 나왔네, 우리 며느리 무슨 직장 다니네" 하는 대화 속에서 서로 속 터지고 다투는 일이 빈번하다고 합니다. 자식 자랑, 그런 거죠. 그렇기 때문에 장로님의 질문에 대고 며느리들에게 후한 점수를 주어서는 안 된다는 이론이셨습니다. 90점, 100점 같은 점수를 주는 것은 오히려 개념 없는 일이라는 하셨습니다. 그래서 그런 답을 주신 것이 상대방에 대한 예의이자 배려였다는 말이죠. 집에 가서 그대로 설명을 하면서 은근히 아내가 위로받기를 기대했지만, 별로 위로가 되는 것 같지는 않았습니다.

아버지 사전에
은퇴란 없다

우리 아버지는 저와는 세대가 달라 그러신지 아버지 사전에는 '은퇴'라는 단어가 없습니다. 그냥 그렇게 살아오셨습니다. 지금도 연세가 90이 넘으셨지만 아직도 매일 출근을 하십니다. 일요일이 되면 설교도 하십니다. 때로는 두 번, 세 번도 하시는 놀라운 일이 아닐 수 없습니다.

그런 아버지께서 저의 조기 은퇴 소식을 듣고서 어이없어 하셨습니다.

"은퇴는 무슨 은퇴? 그래도 90살까지는 해야지!"

이게 우리 아버지의 목회 철학이기도 합니다. 목사는 은퇴가 없다는 겁니다. 실제로 미국에서는 교단적으로 목회자의 은퇴 연령에 제한을 두지 않는 경우가 많습니다. 강단에서 설교하다가 죽는 한이 있어도 밀입니다. 어쩌면 그게 우리 아버지의 꿈인지도 모르겠습니다.

그런데 저는 꿈이 좀 다른가 봅니다. 아버지랑 다를 수도 있는 법이죠. 강단에서 죽을 때까지 설교하고 싶은 마음은 없습니다. 지금까지도 충분히 했다고 생각되기도 합니다. 어쩌면 아버지만큼의 열정이 없어서일 수도 있습니다. 그런 아버지에게 죄송한 마음 가득할 따름입니다. 불효자식을 용서해주시길 빕니다.

4
부

교회로의 초대

신앙 이야기

교회를 다니지 않는 사람도 가고 싶은 교회

저의 유년 시절 절친 종호와 호윤이는 교회를 다니는 친구들이 아니었습니다. 하지만 친구이니까 저를 따라 교회를 와 준 적은 있습니다. 그렇지만 두 번째 초대했을 때는 별다른 반응이 없었습니다. 빵을 주고 선물을 준다고 해도 거절했습니다. 친구인 저를 믿고 따라갔던 교회는 낯설기 짝이 없고 흥미나 재미보다는 오히려 부담만 느꼈기 때문입니다.

교회 개척을 앞두고 제가 상상한 교회상 혹은 교회의 미래상이 있었습니다. 그것은 교회를 다니지 않는 사람도 가고 싶어 하는 교회가 되는 일이었습니다. 말처럼 쉽지는 않겠지만 불가능할 것도 없어 보였습니다. 왜냐하면 사실상 초대 교회의 시작이 바로 그런 모습이었기 때문입니다.

교회가 낯선 이들에 대한 간절함이 필요하다

초대 교회에 사람이 어디 있었나요? 모든 사람이 선교 대상이었고 전도 대상이었습니다. 그런데 우리 시대에는 교회도 많아지고 소위 기독교인들이 많아져서 그런지 선교나 전도에 대한 열의가 예전 같지 않습니다. 그러다 보니 자연적인 현상 중에 하나는 교회 밖에 있는 사람들에 대한 관심과 호기심이 크게 없는 것 같습니다. 교회가 낯선 이들을 맞이하길 원하는 간절함이나 긴장감이 있어야 하는데 그런 긴장감이 사라진 지 오래 같다고 할까요?

그런 탓에 처음으로 교회를 찾아가는 사람들은 짜증 나는 경험을 하는 경우도 적지 않고 문화적 이질감을 경험하는 사람들도 적지 않을 것 같습니다.

> "(나는) 인도해 주는 사람 없이 큰 교회를 혼자 나갔다. 티를 내지 않고 주위를 살피면서 교회 분위기에 어색해 보이지 않으려고 노력했다. 주보와 성경을 계속 살펴보면서 '마1:7'이란 암호를 간신히 해독하였다. 그러나 어느 순간 상당히 어

려운 암호에 봉착했다. 바로 '막1:4'이다. 대부분 첫 글자를 따서 '요1:6'은 〈요한복음〉 1장 6절, '창3:4'는 〈창세기〉 3장 4절이었으나 '막'으로 시작되는 시작 되는 성경장은 전혀 없었다. 또한 '행 5:6'은 더더욱 난감한 암호였다"

– 조태현 《교회 커뮤니케이션 혁신》 중에서

용기 내서 교회를 처음 방문했다가 교회 언어가 암호처럼 느껴진다고 호소하는 사람이 적지 않을 것 같습니다. 그래서 누구나 환영받고, 문턱이 낮은 교회가 되고 싶었습니다.

교회는 벤치가 되어야 한다

벤치의 첫 번째 특징은 어디서나 쉽게 찾을 수 있다는 점입니다. 공원을 산책하면 틈틈이 만날 수 있지만 공원에만 있는 것도 아닙니다. 산 중턱에도 있고 시내 한복판에도 있습니다. 그런데 벤치의 그러한 모습은 교회를 닮았습니다. 그런 의미에서 벤치는 누구나 와서 쉼을 누릴 수 있습니다. 파리의 거리에도 있지만 뉴욕의 센트럴 파크에도 있습니다. 노숙인도 쉬어갈 수 있지만 CEO도 쉬어갈 수 있습니다.

교회 역시 그런 곳입니다. 누구나 환영받을 수 있고 누구나 하나님을 만날 수 있는 곳입니다. 다시 말해 벤치는 차별하지 않습니다. 그래서 벤치는 대부분 높이가 낮습니다. 어린이도 어르신도 앉을 수 있습니다. 그만큼 벤치는 겸손하다고 하겠습니

누구나 와서 쉼을 누릴 수 있습니다

다. 늘 낮은 자세를 유지하니까요.

종류나 생김새도 다양합니다. 가장 흔한 종류는 나무이지만 나무가 아닌 것도 많이 있습니다.교회도 그렇습니다. 배경이나 생각, 성격이 모두 다른 사람들이 모이는 곳이 교회입니다.

그런데 모여서 무엇을 하나요? 사람은 여러 가지를 묵상하고 경배하기도 합니다. 하지만 죽은 것을 묵상하거나 경배하면 우리의 마음도 그렇게 따라갑니다. 반대로, 살아 계신 하나님을 묵상하고 경배하면 우리의 영은 살게 됩니다. 교회는 바로 그런 곳입니다. 다양한 사람들이 모이지만 결국 방향성은 같습니다. 하나님의 마음을 닮아가기 위해 모이기 때문입니다.

벤치가 갖고 있는 두 번째 특징은 화려하지 않다는 점입니다. 평범합니다. 그래서 매력이 있습니다. 주로 야외에 많이 있는 편이지만 때로는 집안에도 있고 미술관에도 있습니다. 화려하지 않기 때문에 소파처럼 편하지도 않고 비싸지도 않습니다. 소박하지만 그 나름의 매력이 있습니다.

벤치의 세 번째 특징은 혼자 앉을 수도 있지만 여럿이 동시에 앉을 수도 있습니다. 이 부분 또한 교회를 닮은 것 같습니다. 혼자 기도할 수도 있지만 누군가와 같이 기도할 수 있는 곳이 교회입니다. 그런데 벤치는 같은 자리에 두고두고 머물도록 우리를 내버려두지 않습니다. 부드럽고 푹신한 소파처럼 편하지도 않습니다. 벤치에서 쉼을 누리는 것은 어쩌면 잠시 잠깐입니다.

예수님의 제자들은 예수님을 따라 변화산에 가지요. 거기서 신비로운 체험을 하게 되자 아예 그 자리에 눌러앉자고 합니다. 하지만 저들의 제안에 예수님은 다시 '산 밑으로' 내려가야 된다고 하십니다. 우리가 머물 자리도 산 밑이고 사람들이 있는 곳입니다. 산 위에서의 경험은 잠시입니다.

이것이 벤치 성신입니다. 잠시 쉼을 얻었다면 이제는 벤치에서 일어나 일상의 자리로 우리의 발걸음을 옮겨야 하기 때문이라 하겠습니다. 예수님이 우리를 부르시는 자리는 화려한 변화산도 아니고 안락한 자리도 아닙니다. 벤치는 잠시 머물러 가는 자리일 뿐입니다. 어느 정도 쉬었으면 이제는 사람들 곁으로 움직여야 합니다.

마음껏
울부짖을 수 있는 곳

김환영 시인의 〈울 곳〉이라는 시가 있습니다.

"할머니 어디 가요? 예배당 간다. 근데 왜 울면서 가요? 울려고 간다. 왜 예배당 가서 울어요? 울 데가 없다."

과연 우리 교회는 사람들이 편하게 찾아와 하나님을 향해 마음껏 울부짖을 수 있는 곳인지 궁금합니다. 저의 작은 소원은 어느 연세 지긋하신 어르신의 표현처럼 우리 교회가 '울 곳'이 되는 것입니다.

성경에서는 가르치길 진정한 교회 공동체는 같이 기뻐하고 같이 슬퍼하는 곳이라고 합니다. 신앙 생활은 솔로(solo) 생활이 아닙니다. 나 홀로가 아닙니다. 삼위일체 하나님도 공동체의 모습을, 서로 섬기는 모습을 우리에게 보여주고 계십니다. 성경 속 '서로'의 원리가 그렇습니다. 서로에게 기댈 수 없다면 그건 숨 막히는 교회요, 번드르르한 건물만 있을 뿐입니다.

세 개의 열쇠를 맡기다

2000년 8월에 있었던 일입니다. 교회 개척 약 2년 뒤인 것 같습니다. 한 달간 교회를 비운 적이 있습니다. 그러면서 교회의 설교를 '라브리' 공동체의 성인경 목사님께 부탁드렸습니다. 한국 라브리는 예수원과 비슷한 기독교 공동체입니다. 거기에 기거하는 사람들은 반나절은 공동체의 일원으로 노동도 해야 하고, 성경 공부나 토론 모임에 참여를 해야만 됩니다.

그 무렵 목사님께서 출간하신 책이 《나의 세계관 뒤집기》였기에 저는 목사님께 세계관에 대한 주제로 설교를 해주시면 좋겠다고 했습니다. 실제로 우리의 세계관이 뒤집히길 기도하는 마음으로 목사님을 모셨습니다. 그리고 목사님께 우리 집은 비어 있고 교회와 가까운 거리에 있어서 호텔은 아니라 죄송하지만 우리 집에 계시는 것도 추천해 드렸습니다. 목사님은 기꺼이 응해 주셨고 "냉장고만 채워 달라"고 부탁하셨던 것 같습니다.

아무튼, 그렇게 집 열쇠, 교회 열쇠, 그리고 자동차 열쇠까지 (요즘에는 열쇠가 없지만 그 당시에는 모든 게 열쇠였던 것 같습니다) 맡기고 다녀 왔습니다. 그러고 보니 과거에 우리가 사용했던 열쇠가 주는 친근함 내지 따스함이 있는 것 같습니다.

손은 자유롭지만
마음은 자유롭지 않은 시대

요즘은 모든 게 기계화되고 자동화되어 있다 보니 '핸즈 프리'라서 프리이긴 한데 프리(free)하지도 않은 것 같습니다. 오히려 프리의 반대인 구속받는 느낌이 들 때도 적지 않은 것이 현대인의 모습 같기도 합니다. 겉으로는 프리해 보이지만 과연 프리한게 프리한 건지?

초대 교회는 어떤 모습이었을까 상상에 잠겨 봅니다. 언제나 찾아와서 편하게 사람을 만날 수 있는 집 같은 교회 아니었을까요? 저는 지금도 우리 집이 그렇게 열려 있는 공간이 되었으면 좋겠습니다. 누구나 편하게 찾아와서 차라도 한잔할 수 있다면 좋겠습니다.

우리에게는
자신만의 해내야 할 몫이 있다

우리 교회 김기중 목사님 설교에서 권정생의 《빌뱅이 언덕》에 등장한 초등학생 권복순의 시를 소개해 주셨습니다.

> "하나님이 세상을 만드시고 햇빛을 비춰주시고 우리들의 논과 밭의 곡식을 길러주신다지요. 하지만 우리 아버지는 밭을 갈지요. 우리 어머니는 김을 매지요. 나는 동생을 업어 주지요."

제 기억이 완전하지 않지만 이 시를 예로 들으면서 그날 목사님은 다음과 같이 말씀하셨던 것 같습니다. 하나님이 모든 것을 베풀어 주신 것에 감사하는 것이 우리의 자세이자 예배자의 모습이어야 하겠습니다.

그럼에도 우리는 동생을 업어주는 일을, 그러니까 우리만의 몫을 해내야 될 책임이 있습니다. 공동체는 가족의 개념과도 같습니다. 각자의 몫이 있기 마련입니다. 교회는 우리 모두가 기꺼이 참여할 때 아름다울 수 있는 법입니다.

초등학생 복순이도 자신만의 몫을 감당하고 있고, 산과 바다, 하늘의 새와 들에 핀 꽃들 역시 자신만의 몫을 해내고 있습니다. 우리 모두 각자의 자리에서 자신에게 주어진 몫을 소중히 여길 때 하나님의 나라를 이 땅 가운데 이루어 갈 수 있을 것입니다.

교회의 방향은 늘 사람

권성찬 선교사님은 자신의 저서 《핵두변주: 별을 보며 방향을 잡다》에서 "선교의 방향은 늘 사람이어야 한다. 선교는 사람에게 가는 일이다"라고 했습니다(87쪽). 선교의 방향이 그렇듯이 교회의 방향도 다르지 않습니다. 교회의 방향은 사람이니까요.

그런데 그 많고 많은 사람들 중에서도 초대 교회의 1순위는 교회 밖에 있는 사람이었습니다. 하지만 그 방향성을 지키는 일이 왜 그렇게 어려운 일일까요? 팔은 안으로 굽는다는 표현처럼 그게 가장 편하고 익숙하기 때문 아닐까요?

파스칼은 《팡세》에서 "모든 사람의 마음에는 어떤 것으로도 채울 수 없는 공간이 있는데 이 공간은 오직 창조주 하나님으로만 채울 수 있다"고 했습니다. 교회는 바로 이러한 사람들을 위한 접촉점이 되어주어야 하는 것이 아닐까요?

예수님은 휴가를 가셨을까?

길을 가다가 만나게 된 어르신 목사님이 한 분 계셨습니다. 가깝지는 않지만 여러 차례 인사는 드린 적이 있습니다. 너무나 더운 여름철 이었습니다. 그것도 휴가가 한창인 8월 첫째 주 였습니다. 오랜만에 우연히 뵙게 된 목사님께 뭐라 인사드릴지 몰라서 약간 습관처럼 말이 나온 것 같습니다.

"목사님, 휴가는 다녀오셨어요?"

그런데 혼내키는 목소리 톤으로 저를 꾸짖으셨습니다.

"아니, 예수님은 휴가를 가셨나요?"

저를 완전히 흑싸리 껍데기 바라보듯 쳐다보시며 건네는 질문이셨습니다. 너무나 당황스러워서 답을 할 수도 없었습니다. 제가 너무나 큰 잘못을 한 것 같은 기분이었습니다. 휴가 가실 수 있는 여유조차 없는 목사님께 제가 너무 큰 실례를 범한 것 같아 죄송했습니다.

그런데 그 질문은 계속 머릿속에 맴돌았습니다. 예수님은 과연 휴가를 가지 않으셨을까? 물론 성경에 속 시원한 답은 없습니다. 상상만 할 수 있을 뿐입니다. 시대적, 문화적 상황도 있으니까요.

"예수님이 휴가를 가셨나요?"

저는 사실 그 목사님께 되묻고 싶긴 했습니다.

"그럼 예수님이 휴가를 안 가셨나요?"

모르는 일이니까요. 물론 그 당시의 문화는 우리 문화와는 다릅니다. 우리가 생각하는 휴가의 개념이 그 당시에도 있었는지는 모르겠습니다. 아마도 특권층만이 누릴 수 있었겠죠. 그렇게 본다면 예수님이나 예수님의 제자들에게 휴가의 개념은 없었을 법 합니다.

그렇다고 혼자만의 시간을 갖지 않았거나, 쉬는 법이 없었을까요? 그건 아닙니다. 예수님은 여러 차례 제자들을 따로 부르신 적도 있고, 산과 들로 가신 적도 있고, 요리를 직접 해주신 적도 있고, 혼자만의 시간과 기도의 시간을 가지신 적도 적지 않습니다.

세리와 죄인들의 집에 가신 건 또한 뭔가요? 일하러 가셨나요? 사람 만나러 갔습니다. 예수님의 사역은 사람을 만나는 일이었지만 그것은 예수님께 쉼과도 같은 일이었습니다. 사는 이유였으니까요. 세상에 오신 이유였으니까요.

예수님도 휴가를 가셨다!

우리도 그렇습니다. 사람을 만나는 것이 일처럼 다가온다면 되겠습니까? 그럼 피곤하죠. 그걸 어떻게 지속할 수 있습니까? 목사에게는 사람 만나는 일이 즐거워야 합니다. 저는 그런 의미에서 예수님에게도 휴가는 있었다고 생각합니다. 바캉스를 가고, 제주도를 가고, 크루즈를 타는 일은 없었어도 갈릴리 호수 앞에서 생선 구워 드시고, 제자들과 와인 한잔하며, 서로의 고민거리를 들어주는 시간은 가지셨을 것 같습니다.

어디까지나 저의 상상이지만, 그 이상은 여러분의 상상에 맡기겠습니다. 여전히 그날 제가 길 가다 만난 목사님께 죄송한 마음입니다. 그 이후에 사모님과 휴가를 가셨는지 궁금하긴 합니다.

'여기까지' vs '아직 아니야'

코로나가 오기 1, 2년 전이었나 봅니다. 아침 일찍 운동하러 밖에 나갔다가 찬 바람을 마신 탓이었는지 처음에는 그냥 감기에 걸린 듯했습니다. 그런데 목소리가 날이 갈수록 갈라지는 듯한 느낌이 들었고 어느 날부터 아예 목소리가 나오질 않아 말하기조차 쉽지 않았고 목에 뭔가 걸린 것만 같아 병원에 찾아갔는데 '성대 마비'라고 했습니다. 약을 처방 받았지만 좀처럼 좋아지지 않았던 기억이 납니다.

그때만 해도 성대 마비가 그렇게 무서운 병인지 몰랐습니다. 의사 선생님이 설명해주길 아마 후두염으로 시작된 것이 마비로 이어진 것 같다고 했습니다. 문제는 날이 갈수록 목소리가 아예 나오지 않으니 대화도 어려웠습니다. 설교도 어려웠고 사람을 만나는 일도 회피하고 싶을 정도였습니다. 더 나아가 약간의 우울증도 왔던 것 같습니다.

수술을 할 수는 있지만 수술을 한다고 확실히 나아질지는 모른다고 했습니다. 정말이지 어처구니 없었고 그저 설교에 대한 고민만 했습니다. 그러한 상황이 지속되다 보니 설교 인생 '여기까지'인가 보다라는 생각까지 들었습니다.

그런데 그 와중에 하나님이 목소리가 회복될 거라는 응답은 안 주셨지만 다른 '방법'을 알려 주셨습니다. 그때부터 설교를 아예 포기하기보다는 가급적이면 영화 설교를 하고 침묵 설교라는 것까지 처음으로 도입(?)했던 것 같습니다. 침묵 설교는 원고의 요약본을 읽고 사이 사이에 찬양을 하면서 그 날의 예배를 진행하는 형식이었습니다.

이상하죠? 길이 막혀 있나고 느낄 때마다 하나님은 다른 길을 보여주시고 "내가 널 도와 줄거야" 하시는 것 같습니다. 나는 '여기까지'라고 생각했지만 하나님은 "아직 아니야"라고 하셨습니다.

제가 언젠가 지어낸 문장이 갑자기 떠오르네요. 끝이 끝이면 끝이지만 끝이 끝이 아니면 끝은 끝이 아니다.

스리, 투, 원!

도쿄에 갈 일이 있었습니다. 공원을 산책하다가 사진을 찍기로 했는데 때마침 청년이 있기에 부탁을 했습니다. 청년은 고맙게도 기꺼이 우리 일행의 폰으로 사진을 찍어 주었습니다.

"스리, 투, 원!"

'찰카닥'

속으로 생각했습니다. '여긴 다르네. 문화가 달라서인가. 우리는 원, 투, 스리라고 하는데.' 그러고는 살짝 비꼬았던 것 같습니다. '원, 투, 스리가 맞지, 스리, 투, 원은 또 뭐람?' 그런데 점점 더 곱씹어 보니, 로켓 발사도 그렇고 결국 '스리, 투, 원' 순서가 맞는 것 같았습니다.

내 생각이 기준이 될 필요가 없는데 우리는 자꾸만 우기려 들 때가 많습니다. 무조건 내 생각이 기준이 된다고 밀어붙이면 그

것은 공동체 정신이 아니겠죠. 무조건 나와 다른 것은 틀린 것이라고 생각하면 문제가 될 수 있는 것 같습니다.

작은 싸움도, 커다란 전쟁도 결국에는 이런 생각의 차이에서 비롯되는 것 아닐까요? 교회는 달라야겠습니다. 어떻게 살아야 할까요? 오늘을 다르게 사는 사람들이 교회입니다. 그만큼 다른 가치를 갖고 다른 존재로 살아가는 사람이기 때문입니다.

자동차 아트로 솜씨를 뽐낸(?) 아이들

가끔은 낯선 교회를 방문할 때가 있습니다. 하지만 그럴 때마다 배우는 게 적어도 한 가지씩은 있습니다.

애틀랜타 지역에 있는 한인 교회를 갔을 때의 일입니다. 최근에 교회에 있었던 이야기를 목사님 방에서 들었습니다. 초등학교 남학생 다섯 명이 성경 공부 시간에 교회 주차장으로 빠져 나가서 길바닥에 있는 돌멩이를 각각 하나씩 주워 들고서는 그냥 심심풀이로 주차되어 있는 자동차를 한 대씩 긁기 시작했답니다. 아이들에게는 그보다 더 재밌는 놀이(?)가 따로 없죠.

하지만 교회 주차장에는 CCTV도 있으니 어떤 아이들 짓이었는지 밝히는 데까지는 시간 문제였습니다. 결국 온 교회에 이 소식이 알려지자 교회가 술렁이기 시작했답니다. "뉘집 아들이 어쩌구 저쩌구" 말입니다. 게다가 거기엔 부목사님 아들도 끼어 있었답니다. 난리 났죠. 그 목사님 내외분은 이제 교회에서 쫓겨날 판입니다.

그런데 담임 목사님이 갑자기 교인들 앞에서 말씀을 하셨답니다. 이러한 일이 교회 주차장에서 일어났는데, 교회에서 일어난 일이니 교회에서 모든 차주들에게 보상을 해주겠다고 말입니다. 그러면서 돌멩이를 들고 차량에 흠집을 낸 아이들은 모두 미래의 미켈란젤로감이기 때문에 그 아이들을 찾아가서 미리 사인을 받으라는 말씀까지 하셨답니다. 세상에 그런 목사님은 처음 봤습니다. 그 교회 교인들은 참 행복할 것 같습니다. 특히나 그날 일명 '자동차 아트'로 자신의 미술 실력을 뽐낸 아이들의 부모님은 그 교회에 가장 헌신적일 것 같습니나. 분명 헌금도 가장 많이 하지 않을까요?

영원한 교회는 없다

이런 이야기를 오래전에 들은 바가 있습니다. 이 세상에 영원한 교회란 있을 수 없다고 말입니다. 저는 어려서부터 교회에서 자란 탓인지, 교회란 영원한 곳인 줄만 알았습니다. 교회가 문을 닫을 수 있고 없어질 수 있다는 생각을 못해봤습니다.

하지만 오늘날 우리 주변에서도 빈번히 나타나는 현상 중에 하나 아닌가요? 교회 구성원이며 교회 건물이며 목사이며 정말이지 영원한 것은 하나도 없습니다. 영원한 것은 하나님뿐이며 하나님의 말씀뿐입니다.

그 말은 무엇입니까? 교회에 목숨 걸지 말라는 이야기입니다. 목숨을 걸려면, 예수님께 목숨을 걸어야 합니다. 복음에 목숨을 걸어야 합니다. 우리 교회도 자취와 흔적을 감출 날이 올 수 있습니다. 아무도 모르는 일입니다.

하지만 하나님의 기억에 남는 것이 중요합니다. 사람의 기억 속에 남는 것은 그리 중요하지 않아 보입니다. 하나님의 기억에 남는 사람이 되고, 하나님의 기억에 남는 교회가 되는 것이 가장 의미 있는 모습 같습니다.

약은 써야 약이다

'꿈이있는교회' 하정완 목사님은 현대 교회의 어려움을 두 가지로 요약해 주고 있는데 첫 번째로 신비감을 상실했다고 지적합니다. 결국 아무런 기대감을 갖지 못하게 하는 데에 교회의 책임이 크다고 말하고 있습니다.

두번째는 문자 중심 목회의 한계를 말 합니다. 영상의 시대에 살고 있는 현실 속에서 교회는 아무런 준비를 하지 않고 있다는 이야기입니다. 그래서 일까요? 누군가는 말하길, 교회에 가면 귀는 호강하는데 눈은 심심하다고 했습니다.

《고백 에클레시아》의 저자 양광모 목사님은 교회가 세상의 어떤 부분을 어떤 모습으로 섬길 수 있는가를 알아내기 위한 접촉점 선택의 중요성을 강조하면서, 교회가 만나는 사람들이 무엇을 고민하고 있고 어떤 요구를 하고 있는지 경청하는 것이 무엇보다 우선해야 된다고 말합니다(127쪽).

더 나아가 그는 이 시대에 우리 지역의 믿지 않는 사람들은 무엇을 아파하고 힘들어하는가를 알아내는 작업에 크게 비중을 두지 않을 수 없다고 하면서, 언제부터인가 한국 교회는 교인들을 위한 교회, 기독교인이라고 동의하는 종교인들만의 모임으로 여겨지고 있다고 역설해 줍니다(172쪽).

쓴소리를 듣지 않으면 변화나 발전도 없다

한국 교회를 섬긴 어느 선교사님의 지적이 기억납니다. "한국 교회의 가장 큰 문제는 목회자들이 들으려고 하지 않는 교만'이라고 했습니다. '들으려 하지 않는 교만'은 변화하려고 하지 않는다는 의미가 있는 것이라 할 수 있습니다. 선교사님의 지적은 쓴소리 같기도 했지만, 약은 써야 약이라고 하지 않나요?

수년 전 우리 나라 동계 올림픽 이후 어느 방송에서 국가대표 올림픽 선수들을 인터뷰했습니다. 그중에는 코치들의 쓴소리나 잔소리 중에서 어떤 말이 가장 듣기 싫은지에 대한 선수들의 고백이 잠깐 소개된 적이 있었습니다:

5위. 외박 없다.

4위. 나도 그만큼은 하겠다.

3위. 한 번만 더!

2위. 그것밖에 못하냐?

1위. 그냥 집에 가라!

코치의 쓴소리는 늘 쓴소리요 잔소리처럼 들릴 뿐입니다. 하지만 결국 그 쓴소리가 올림픽 선수를 길러내고 메달리스트를 가능케 하는 것이 아닐까 싶기도 합니다. 교회는 교회 밖에서 들리는 쓴소리에 때때로 귀를 기울여야 할 필요가 바로 여기에 있는 것입니다. 그렇지 않으면 폐쇄적이 되기도 쉽지만 더 나아가 교회에 필요한 변화나 발전도 어려우니까요.

외발자전거를 잘 타는 비결

2020년 즈음에 외발(한 발)자전거를 배우기 시작했습니다. 여전히 잘 탄다고 할 수는 없지만 적지 않게 매력을 느끼는 취미 생활입니다. 전신 운동이다 보니 운동량도 장난이 아닙니다. 물론 자전거를 닮은 면이 많이 있어서 자전거를 타는 사람이면 배울 수 있습니다. 어떤 면에서는 자전거보다도 안전하다고 하겠습니다. 가격도 착한 편입니다. 아직 묘기를 하는 단계는 아니라 직진밖에는 자신이 없지만 앞으로는 묘기도 배우고 싶긴 합니다.

그런데 묘기를 넘어서 외발자전거 타기의 핵심은 균형입니다. 균형을 잃으면 넘어질 수밖에 없습니다. 외발을 타면서 묵상하게 되는 것 중에 하나는 인생이 그렇다는 것입니다. 건강도 그렇고 관계도 그렇고 균형이 깨지면 모든 것이 깨집니다.

하나님과의 관계도 마찬가지인 것 같습니다. 죄의 문제를 외면하면 영적 균형이 깨집니다. 영적인 감각을 잃게 되고 결국은 균형을 잃고 넘어지게 되겠지요. 사탄은 그 틈을 타고 들어와 균형이 깨지게 만듭니다. 넘어져서 코가 부러지고 팔다리를 다치게 합니다. 우리의 몸과 마음을 마비시키고 교회를 혼란스럽게 합니다. 날마다 깨어 기도해야 하는 이유가 여기에 있습니다.

외발자전거는 굳이 배우지 않아도 영적 균형은 배워야 하겠습니다. 그 비결은 기도와 말씀, 그리고 예배와 공동체의 자리를 지킬 때 가능한 것 같습니다.

복음과 빵 사이의 균형

예수님의 사역을 복음과 빵이라고 요약하는 목회자들이 있습니다. 복음을 입으로 전달하는 것에서 그치지 않고 일상에 필요한 양식도 나눌 수 있어야 된다는 성경의 해석입니다. 실제로 예수님의 사역을 봐도 복음만 전하는 것을 넘어 사회적 약자를 돌보는 일에 적극적이셨습니다.

교회나 우리 개인의 삶에는 이런 균형감이 있어야 합니다. 자칫 잘못하면 복음을 열심히 전하는 일에만 치우칠 수 있기에, 빵을 나누는 일에는 게을리할 수 있습니다. 그런데 교회에서나 개인의 삶에서나 여기에 균형을 이루려면 보통 일이 아닙니다. 결단도 필요하고 노력도 필요하고 인내도 필요합니다. 하지만 무엇보다 기도와 사랑이 필요합니다.

감사의 말

이 글을 마무리할 수 있도록 도움을 주신 피터 정(Peter Chung) 장로님이라는 사업가가 계십니다. 장로님 내외분은 우리 가족이 쉴 수 있는 기회를 종종 마련해주십니다. 이번에도 원고의 마지막을 장식할 수 있는 공간을 제공해주셔서 비교적 빠르게 탈고가 가능했습니다. 한적하고 아름다운 집을 제공해 주신 피터 장로님 내외분에게 이 지면을 빌려 감사의 말씀 드립니다.

장로님은 사업을 목회하듯 하시는 분이시기도 합니다. 평소에 많은 이들에게 선한 영향을 끼치시는 것을 보면 또 다른 형태의 목회를 하고 계신 것이나 다름 없다고 하겠습니다. 받은 사랑을 갚을 길이 없지만 열심히 살아가면서 그 사랑을 갚겠습니다. 두 분이 곳곳에 심으시는 사랑의 씨앗은 큰 결실을 맺을 줄 압니다.

노래 선물에 이기동 목사님, 그림 선물(벤치)에 이길승 목사님, 글을 쓰라고 재촉하시고 기다려주신 차상철 선생님, 글의 진행을 꼼꼼하게 챙겨주신 이정도 목사님, 그리고 바이북스의 김태윤 팀장님과 윤옥초 대표님께 감사의 마음전해 드립니다.

부록

시계의 세 바늘

우리 집안에는 목사가 셋이나 있습니다. 즉, 아버님, 형님, 그리고 저 자신을 포함해 모두가 목사라는 직분을 가지고 있지요. 하지만 집안 식구들은 이따금씩 혼돈을 겪기도 했기에, 불편을 덜기 위해 언제부터인가 각자에게 별명이 붙었습니다. 아버님 목사님은 '큰 목사', 형님 목사님은 '작은 목사', 그리고 나는 '새끼 목사'라 불립니다.

중요한 사실은 세 명의 목사가 섬기는 교회는 각각 다르다는 점입니다. 개인적인 이야기이지만, 관계나 은사에 관한 내용을 나누다 보면 집안 이야기를 전혀 안 할 수 없는 형편이 됩니다. 그럼에도 이런 이유가 가능한 것은 우리 집안이 삼박자가 다 맞아떨어지는 집안이기 때문만은 아니지요. 오히려 각자의 성격이 다르고, 취향이 다르며, 열정이 다르고, 은사가 서로 다르기 때문입니다.

물론 이러한 차이는 서로를 오해하게 하거나, 다름을 이해하지 못하게 만드는 장애물이 되기도 합니다. 그러나 동시에 서로에게 필요한 부분을 채워주며, 연약하거나 부족한 면을 보완해주는 모습도 자주 발견됩니다. 셋 다 같은 목회자이지만, 각자가 사역에 집중하는 방식에는 분명한 차이가 있고, 모두 나름의 장점과 한계를 가지고 있습니다.

교회 안에서도 은사는 다양합니다. 우리가 섬기는 교회의 목적은 같다는 사실을 기억하며, 서로의 열정과 은사를 인정하고 세워줄 때, 교회는 그 사역을 온전히 감당할 수 있지요. 지금 소개하는 내용은 저의 형인 '작은 목사'가 최근 직접 쓴 글을 통해 보여주고 있는, 우리 삼부자의 모습입니다.

"몇 시간쯤 읽었을까. 나는 끊임없이 인쇄된 페이지를 읽어 내려가고 있었다. 잠깐 숨을 고르기 위해 고개를 들었을 때, 나를 바라보고 있는 시계가 있었다. 세 개의 바늘을 가진 시계, 아직 새벽 4시 30분밖에 안 됐다고 말하고 있는 벽시계였다.

그런데 오늘따라 그 시계는 마치 내 주의를 집중시키며 무언가를 부드럽게 말해주는 듯했다. 나는 다시 시계를 바라보았다. 그것은 여전히 벽 위에 걸린 단순한 시계였지만, 내 영혼이 찾고 있고 표현하고 싶어 하는 진리를 말해 주고 있는 것처럼 느껴졌다. 모호한 생각과 불안한 마음, 그것은 무엇이 문제인지 정확히 설명하기는 어렵지만, 분명 중요한 질문이었다. 어쩌면 어렵지만 동시에 아주 단순한 해답을 품고 있는 질문이었다.

시계의 세 바늘처럼, 우리 집안의 세 남자는 혈연과 하나됨으로 연결되어 있었다. 나는 시곗바늘 속에서 우리의 모습을 보았다. 그것은 아버지, 동생 요한, 그리고 나였다.

초침은 아버지였다. 항상 '하는 것', '움직이는 것'에 단연 으뜸인 분. 언제나 앞서가시는 분이었다. 아버지는 나에게 초침과 같았다. 우리는 언제나 아버지가 원하는 시간에 맞출 수 없었다. 내가 한 바퀴를 도는 동안, 아버지는 이미 60분을 앞서 있었다. 어디서 그런 끊임없는 에너지와 체력이 나오는지 놀랄 때가 한두 번이 아니었다.

끊임없는 활동은 아버지의 삶의 방식이었다. 초침처럼 빠르고 쉼 없이 움직이셨다. 느리게 가는 것은 아버지의 타고난 성품과 어울리지 않았다. 아버지의 움직임은 억지로 다른 사람을 몰아붙이는 것이 아니라, 우리 스스로 움직이게 만드는 힘이었다. 가만히 있지 못하게 만드는 추진력이었다.

초침이 움직이면 분침이 움직이고, 결국 시침도 아주 조금씩 움직인다. 아버지는 사람들 사이에 계시며, 일을 완성하는 것을 좋아하신다. 반드시 끝내야 하는 본질을 가지고 계신다. 일을 마쳤을 때 가장 기뻐하신다. 언제나 본질을 먼저 보시고, 약속을 지키는 분이셨기에 신뢰할 수 있었다. 세부적인 일 하나하나에도 집중하시며, 그 움직임을 결코 놓치지 않으신다.

이 스펙트럼의 다른 쪽 끝에는 동생 요한이가 있다. 요한이는 시침이다. 움직임은 가장 느리다. 항상 관조적이고, 눈에 잘 띄지 않지만, 그 신중함 덕분에 결정을 정확히 한다. 겉보기에는 거의 움직이지 않는 것처럼 보이지만, 충분히 시간을 두고 바라보면 분명히, 그리고 부드럽게 움직이고 있다.

아버지나 형의 눈으로는 요한이의 느린 움직임을 완전히 이해하기 어려웠다. 공부를 마치는 데도, 일을 결정하는 데도, 선택을 하는 데도 왜 그렇게 시간이 오래 걸리는지 답답할 때도 있었다. 하지만 그 느림은 의미 없는 지연이 아니었다. 인생을 바꾸는 순간, 진짜 중요한 결정, 깊이 있는 관계는 결코 빠르게 이루어지지 않는다.

요한이는 작은 일보다 의미 있는 일에 집중한다. 형식보다 본질을, 결과보다 방향을 중요하게 여긴다. 눈에 띄는 성취보다, 보이지 않는 깊이를 선택한다. 큰 소리보다는 조용한 모범, 많은 사람보다는 작은 공동체를 좋아한다. 그것이 바로 요한이의 모습이다.

그리고 이제 내가 있다. 나는 분침이다. 초침만큼 빠르지도 않고, 시침만큼 묵직하지도 않다. 누군가는 나를 '행복한 중간자'라고 말할지 모르겠다. 하지만 중간에 있다는 것은 결코 쉬운 자리가 아니다.

나는 움직이고 싶지만 마음처럼 빨리 움직이지 못할 때가 많다. 그러나 조금씩, 계속 움직여야 한다는 것을 배웠다. 초침과 시침을 모두 만족시키려다 실패한 순간도 많았다. 그래서 나는 조율하려 애쓴다. 박수만 치는 자리에 머무르지 않으려 한다.

나는 읽는 것을 좋아하고, 생각하는 것을 좋아하고, 일하는 것도 좋아한다. 늘 움직이지는 않지만, 늘 멈춰 있지도 않는다. 세부적인 것을 중요하게 여기면서도, 아버지가 놓치지 않는 본질을 붙들고 싶다. 요한이가 중요하게 여기는 작은 디테일도 지나치고 싶지 않다.

세 개의 바늘 중, 어쩌면 내가 가장 바쁜 바늘일지도 모른다.

세 개의 바늘은 함께 움직일 때 시계가 된다. 각각의 바늘은 자신의 역할을 완성하면서 동시에 전체를 향해 나아간다. 우리는 모두 다르지만, 하나님께서 특별하게 지으신 존재다. 이 다름은 갈등이 될 수도 있지만, 공동의 목적 안에서는 조화가 된다.

세 바늘이 서로 다른 방향으로 움직이면 시계는 멈춘다. 그러나 같은 방향을 향해 가고 있다면, 속도가 다르다는 것은 문제가 되지 않는다. 우리는 비교할 필요가 없다. 각자의 시간 안에서 충실하면 된다.

시계의 중심처럼, 우리 역시 하나의 중심을 가지고 있다. 우리는 그리스도 안에서 하나다. 성령께서 우리 각자를 다르게 사용하시지만, 목적은 같다. 우리는 완전히 독립적이지도, 혼자 완전하지도 않다. 서로가 필요하다. 그래서 우리는 서로를 의지해야 한다. 서로를 지지해야 한다. 나는 최고의 내가 되기 위해 아버지와 요한이가 필요하다."

형의 글이 보여주듯, 이렇게 서로 다른 열정과 은사, 리더십과 동기가 존중되고 조화를 이룰 때, 가정도 교회도 건강해집니다. 교회 안에서도 서로의 은사를 인정하고 채워 줄 때, 우리는 놀라운 사역의 열매를 경험하게 될 것입니다.